Manifeste des Futurismus

Fröhliche Wissenschaft 124

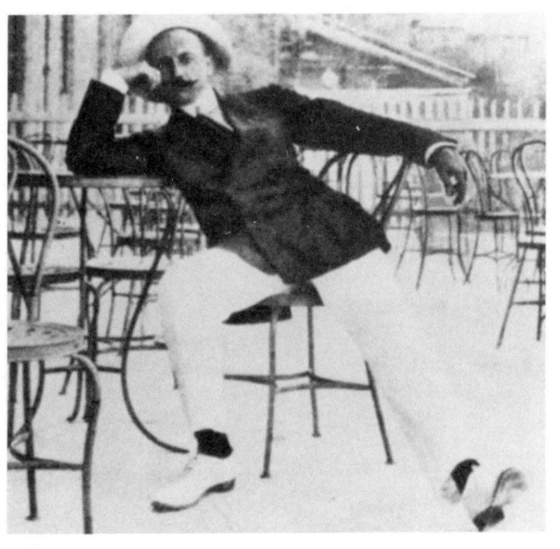

Filippo Tommaso Marinetti

Manifeste des Futurismus

Aus dem Italienischen
von Stefanie Golisch

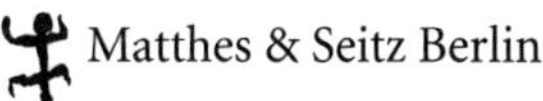

Inhalt

Manifest des Futurismus

20. Februar 1909

Vorrede

Die ganze Nacht hatten meine Freunde und ich im Lichtschein der Moscheen gewacht, deren durchbrochene Messingkuppeln gestirnt waren wie unsere Seelen und ebenso wie diese vom geschlossenen Glanz eines elektrischen Herzens zum Strahlen gebracht wurden. Lange genug hatten wir unsere atavistische Trägheit in opulente Orientteppiche getreten, während wir an den äußersten Grenzen der Logik disputierten und dabei jede Menge Papierbögen mit unserer frenetischen Schrift schwärzten.

Ein ungeheurer Stolz füllte uns die Brust, denn in dieser Stunde fühlten wir uns allein, hellwach und aufrecht, wie ein stolzes Fanal oder eine aufgestellte Schildwache im Angesicht eines Heeres feindlicher Sterne, die uns von ihrem himmlischen Feldlager aus zublinzelten. Allein mit den Heizern, die sich nervös vor den Höllenöfen der großen Schiffe zu schaffen machen, allein mit den schwarzen Gespenstern, die in den glühenden Bäuchen rasender Lokomotiven stochern, allein mit den gestrandeten Betrunkenen, die sich mit unsicherem Flügelschlag an die Mauern der Stadt drücken.

Mit einem Schlage fuhren wir in die Höhe, als wir die herrlichen Geräusche der enormen, zweistöckigen Straßenbahnen vernahmen, glänzend in vielfarbigem Licht wie festliche Dörfer, die der über die Ufer tretende Po urplötzlich durchschüttelt und entwurzelt, um sie zum Meer zu schwemmen, zu den Wasserfällen und durch die Strudel hindurch mitten hinein in die Flut.

Dann verdüsterte sich die Stille. Doch während wir dem erschöpften Gebetsgemurmel des alten Kanals lauschten und dem Knochenknarren der moribunden Gebäude auf ihren Bärten aus feuchtem Gemüse, erschallte unversehens unter den Fenstern das Gebrüll der gierigen Automobile.

»Lasst uns fahren«, sagte ich; lasst uns fahren, Freunde! Lasst uns aufbrechen! Endlich haben sich die Mythologie und die mystischen Ideale als überholt erwiesen. Wir sind gerade dabei, der Geburt eines Zentauren beizuwohnen, und schon bald werden wir die ersten Engel fliegen sehen! … Wir werden an den Türen des Lebens rütteln müssen, um ihre Riegel und Angeln zu überprüfen! … Lasst uns aufbrechen! Endlich, die allererste Morgenröte auf Erden! Nichts sonst gleicht der Pracht des roten Schwertes der Sonne, das sich zum ersten Male in unseren tausendjährigen Finsternissen zum Kampf rüstet.

Wir näherten uns den drei schnaubenden Bestien, um ihnen liebevoll die heiße Brust zu tätscheln. Ich legte mich auf meinen Wagen wie eine Leiche in den Sarg, doch unverzüglich wurde ich unter dem Lenkrad, dieser Klinge einer Guillotine, die meinen Magen bedrohte, wieder zum Leben erweckt.

Der wütende Besen der Verrücktheit entriss uns unser Selbst und trieb uns durch die Straßen, die steil und tief waren wie die Läufe von Wildbächen. Hier und dort lehrte uns hinter Fensterscheiben eine kranke Lampe, die irreführende Mathematik unserer vergänglichen Augen zu verachten.

Ich erhob meine Stimme: »Die Witterung, die Witterung allein genügt den Raubtieren!«

Und jungen Löwen gleich hetzten wir dem Tod hintendrein, mit seinem schwarzen, von blassen Kreuzen gefleckten Fell, dem Tod, der am weiten violetten lebendig pochenden Himmel auf und davon lief.

Und doch trugen wir keineswegs das Bild eines idealen Geliebten in uns, dessen sublime Gestalt sich bis zu den Wolken emporerhoben hätte, noch jenes einer grausamen Königin, der wir unsere wie byzantinische Ringe gewundenen Leichname hätten opfern können. Es gab keinen Grund zu sterben, außer dem Wunsch, uns endlich von unserem allzu schweren Mut zu befreien!

Bei voller Fahrt zerschmetterten wir auf den Türschwellen die Wachhunde, die sich unter unseren brennenden Reifen wie Hemdkragen unterm Bügeleisen aufrollten. Der domestizierte Tod überholte mich in jeder Kurve, um mir graziös seine Pfote zu reichen; dann und wann legte er sich nieder, wobei das Geräusch seines mahlenden Kiefers hörbar wurde, und aus jeder Pfütze schickte er mir streichelnde Blicke aus Samt.

»Lasst uns aus der Weisheit heraustreten wie aus einem grauenvollen Panzer und werfen wir uns wie vom Stolz pigmentierte Früchte in den enormen gewundenen Mund des Windes! … Überlassen wir uns dem Unbekannten zum Fraße, nicht bereits aus Verzweiflung, sondern einzig und allein, um die tiefen Brunnen des Absurden zu füllen.«

Gerade eben hatte ich diese Worte ausgesprochen, als ich mich plötzlich in dem gleichen trunkenen Wahn, mit dem Hunde versuchen, sich selbst in den Schwanz zu beißen, überschlug. Da kamen mir zwei Fahrradfahrer entgegen, die mir die Schuld zuweisen wollten, zögerlich wie zwei Überlegungen, beide gleichermaßen überzeugend und widersprüchlich. Ihr törichtes Dilemma wurde auf meinem Terrain ausgefochten …! Ich war entnervt, verabschiedete mich kurz angebunden und schleuderte mich mit den Rädern in der Luft in einen Graben …

Oh! mütterlicher Graben, fast zur Gänze angefüllt mit schlammigem Wasser! Schöner Graben einer Werkstatt! Gierig sog ich deinen kräftigenden Schlamm in mir auf, der mich an die heilige schwarze Brustwarze meiner sudanesischen Amme erinnerte …

Als ich als dreckiger stinkender Putzlappen unter dem auf dem Kopf stehenden Wagen hervorkroch, fühlte ich, wie sich mein Herz köstlich mit dem glühenden Eisen der Freude füllte!

Ein Haufen mit Angelschnüren bewaffneter Fischer und fußkranker Naturfreunde umstanden bereits das Wunderding. Geduldig und mit großer Hingabe setzten diese Leute mit ihren Gerätschaften und Netzen aus Eisen alles daran, meinen Wagen gleich einem enormen gestrandeten Haifisch zu bergen. Langsam stieg der Wagen aus der Tiefe in die Höhe wie Fischschuppen: seine schwere Karosserie aus gesundem Menschenverstand und seine weiche Polsterung aus Gemütlichkeit.

Sie glaubten, dass mein schöner Haifisch tot sei, aber eine einzige Liebkosung meinerseits genügte, um ihn zu neuem Leben zu erwecken. Wiederauferstanden von den Toten, endlich wieder in Fahrt auf seinen mächtigen Flossen!

Und nun, mit vom guten Schlamm der Werkstätten verhüllten Gesicht – beschmutzt von Metallabfällen, nutzlosem Schweiß, himmlischem Ruß – mit verletzten und verbundenen Armen und dennoch unerschrocken, diktieren wir allen lebendigen Menschen dieser Erde unseren ersten Willen:

Manifest des Futurismus

1. Wir wollen die Liebe zur Gefahr besingen, die Vertrautheit mit Energie und Verwegenheit.
2. Mut, Kühnheit und Auflehnung werden die wesentlichen Elemente unserer Dichtung sein.
3. Bis heute hat die Literatur die nachdenkliche Unbeweglichkeit, die Ekstase und den Schlaf gepriesen. Wir wollen die angriffslustige Beweglichkeit, die fiebrige Schlaflosigkeit, den Laufschritt, den Salto mortale, die Ohrfeige und den Faustschlag preisen.
4. Wir erklären, dass die Herrlichkeit der Welt um eine neue Schönheit bereichert worden ist: die Schönheit der Geschwindigkeit. Ein Rennwagen, dessen Karosserie große Rohre zieren, die Schlangen mit explosivem Atem gleichen … ein aufheulendes Automobil, das auf Feuersalven dahinzugleiten scheint, ist schöner als die Nike von Samothrake.
5. Wir wollen jenen Mann besingen, der am Steuer sitzt, dessen ideale Achse die Erde durchquert, die selbst auf ihrer eigenen Bahn dahinjagt.
6. Der Dichter muss bereit sein, sich selbst glühend, glanzvoll und freigebig zu verschwenden, um die leidenschaftliche Inbrunst der Urelemente zu vermehren.
7. Schönheit kann es nur noch im Kampf geben. Ein Werk ohne aggressiven Charakter kann kein Meisterwerk sein. Dichtung muss als gewaltiger

Angriff auf die unbekannten Kräfte aufgefasst werden, die nur dazu bestimmt sind, sich vor dem Menschen zu beugen.

8. Wir stehen auf dem äußersten Vorgebirge der Jahrhunderte! ... Weshalb sollten wir zurückblicken, wenn wir die geheimnisvollen Tore des Unmöglichen aufbrechen wollen? Zeit und Raum sind gestern gestorben. Wir leben bereits im Absoluten, haben wir doch die ewige, allgegenwärtige Geschwindigkeit längst erschaffen.
9. Wir wollen den Krieg verherrlichen – diese einzige Hygiene der Welt – den Militarismus, den Patriotismus, die Vernichtungstat der Anarchisten, die schönen Ideen, für die man stirbt, und die Verachtung der Frau.
10. Wir wollen alle nur denkbaren Museen, Bibliotheken und Akademien zerstören und gegen den Moralismus, den Feminismus und gegen jede Feigheit kämpfen, die auf Zweckmäßigkeit und Eigennutz beruht.
11. Wir werden die Menschenaufläufe besingen, welche die Arbeit, das Vergnügen oder der Aufruhr in Erregung versetzt; besingen werden wir die vielfarbige, vielstimmige Flut der Revolutionen in den modernen Hauptstädten; besingen werden wir die nächtliche, vibrierende Glut der von grellen elektrischen Monden erleuchteten Arsenale und Werften; die gefräßigen, rauchende Schlangen verschlingenden Bahnhöfe; die an den Wolken hängenden Fabriken mit ihren sich in die

Höhe windenden Rauchfäden; die in der Sonne wie Messer aufblitzenden Brücken, die wie gigantische Athleten Flüsse überspannen; die abenteuerlustigen Dampfer, die den Horizont wittern; die breitbrüstigen Lokomotiven, die auf den Schienen wie riesige, mit Rohren gezäumte Stahlrosse stampfen, und den gleitenden Flug der Flugzeuge, deren Propeller wie eine Fahne im Winde knattert und dabei zusammen mit der begeisterten Menge Beifall zu klatschen scheint.

Von Italien aus schleudern wir das mitreißende Manifest, mit dem wir heute den »Futurismus« begründen, voller entflammter Heftigkeit in die Welt, denn wir wollen dieses Land von dem Krebsgeschwür der Professoren, Archäologen, Fremdenführer und Antiquare befreien.

Bereits viel zu lange schon ist Italien zu einem Trödelmarkt verkommen. Wir wollen das Land von den unzähligen Museen befreien, die es als zahllose Friedhöfe über und über bedecken.

Museen: Friedhöfe! … Wahrlich identisch in der abgründigen Promiskuität von Körpern, die einander nicht kennen. Museen: öffentliche Schlafsäle, in denen man für immer neben verhassten oder unbekannten Wesen schläft! Museen: absurde Schlachthöfe der Maler und Bildhauer, die sich an den heiß umkämpften Wänden gegenseitig wild mit Schlägen aus Farben und Linien abschlachten!

Einmal im Jahr möget ihr dahin pilgern, wie man

zu Allerseelen auf den Friedhof geht...das gestatte ich euch. Einmal im Jahr möget ihr einen Blumenstrauß vor der Mona Lisa niederlegen, das gestatte ich euch … Aber ich lasse es nicht zu, dass man täglich in den Museen unsere Traurigkeiten, unseren gebrechlichen Mut und unsere krankhafte Unruhe spazieren führt. Weshalb sollte man sich vergiften wollen? Weshalb verfaulen wollen?

Was kann man auf einem alten Bilde schon anderes erkennen als die mühseligen Verrenkungen eines Künstlers, der sich abmühte, die unüberwindbaren Schranken zu durchbrechen, die sich seinem Wunsch entgegenstellen, seinen Traum voll und ganz zu verwirklichen? … Ein altes Bild zu bewundern, heißt, unsere Wahrnehmungsfähigkeit in eine Urne zu schütten, statt sie in gewaltigen Stößen aus Schöpfung und Tat in die Ferne zu projizieren.

Wollt ihr eure besten Kräfte wirklich in dieser unnützen Bewunderung der Vergangenheit vergeuden, aus der ihr schließlich erschöpft, ärmer und geschlagen hervorgehen werdet?

Wahrlich, ich sage euch, dass der tägliche Besuch von Museen, Bibliotheken und Akademien (diesen Friedhöfen vergeblicher Anstrengungen, diesen Kalvarienbergen gekreuzigter Träume, diesen Registern gebrochenen Schwunges! …) für einen Künstler ebenso schädlich ist wie eine zu lange elterliche Vormundschaft für einen jungen Mann, der danach trachtet, sein Genie und seinen ehrgeizigen Willen auszuleben. Für Sterbende, Kranke und Gefangene mag das angehen: – da ihnen die Zukunft versperrt ist, mag die bewundernswürdige Vergangenheit tatsächlich ein Balsam für ihre Leiden sein … Wir aber wollen von der Vergangenheit nichts wissen, wir jungen und starken Futuristen!

Mögen also die fröhlichen Brandstifter mit ihren verkohlten Fingern nur kommen! Seht! Da sind sie! … Los! Entzündet das Feuer in den Regalen der Bibliotheken! … Leitet den Lauf der Kanäle um, auf dass die Museen überschwemmt werden! … Oh, welche Freude, auf dem Wasser die alten, ruhmreichen Bilder zerfetzt und entfärbt treiben zu sehen! … Ergreift die Spitzhacken, die Äxte und die Hämmer und reißt nieder, reißt ohne Erbarmen die ehrwürdigen Städte nieder!

Die Ältesten von uns sind jetzt dreißig Jahre alt; es bleibt uns also mindestens ein Jahrzehnt, um unser Werk zu vollbringen. Wenn wir vierzig sind, mögen andere, jüngere und tüchtigere Männer uns ruhig wie nutzlose Manuskripte in den Papierkorb werfen. Wir wünschen es so!

Unsere Nachfolger werden uns entgegentreten; von weither werden sie kommen, von allen Seiten, sie werden auf dem beflügelten Rhythmus ihrer ersten Gesänge tanzen, ihre gebogenen Raubvögelkrallen werden sie ausstrecken, und an den Türen der Akademien werden sie wie Hunde den guten Geruch unseres verwesenden Geistes wittern, der bereits den Katakomben der Bibliotheken geweiht ist.

Doch wir werden nicht da sein! … Sie werden uns

schließlich finden – in einer Winternacht – auf offenem Feld, unter einem traurigen Obdach, auf dem eintönig der Regen trommelt, sie werden uns neben unseren Flugzeugen hocken sehen, während wir versuchen, unsere Hände an dem kümmerlichen kleinen Feuer zu wärmen, in dem unsere Bücher von heute unter dem Flug unserer Bilder auflodern.

Lärmend werden sie uns umringen, vor Angst und Bosheit keuchend, und sie werden sich, durch unsere stolze, unermüdliche Kühnheit erbittert, auf uns stürzen, um uns zu töten, und der Hass, der sie antreibt, wird unversöhnlich sein, weil ihre Herzen voll von Liebe und Bewunderung für uns sind.

Die starke und gesunde Ungerechtigkeit wird hell aus ihren Augen strahlen. Denn Kunst kann nur Heftigkeit, Grausamkeit und Ungerechtigkeit sein.

Die Ältesten von uns sind dreißig Jahre alt: Dennoch haben wir bereits Schätze verschleudert, tausend Schätze aus Kraft, Liebe, Kühnheit, List und rauem Willen; ungeduldig haben wir sie fortgeworfen, hastig, ohne zu zählen, ohne zu zögern, ohne uns je auszuruhen, ohne Atem zu schöpfen…Schaut uns an! Noch sind wir nicht außer Atem! Unsere Herzen kennen noch keine Müdigkeit, denn Feuer, Hass und Geschwindigkeit nähren sie! … Das wundert euch? … Logisch, denn ihr erinnert euch ja nicht einmal mehr daran, gelebt zu haben! Aufrecht auf dem Gipfel der Welt schleudern wir noch einmal unsere Herausforderung den Sternen zu!

Ihr habt Einwände? … Genug! Genug! Wir kennen

sie längst … Wir haben es begriffen! … Unsere schöne, verlogene Intelligenz lässt uns begreifen, dass wir der Abschluss und der Neubeginn unserer Ahnen sind. – Vielleicht! … Also sei es so! … Welche Bedeutung hat das schon? Wir wollen nicht begreifen! … Wehe dem, der uns diese infamen Worte noch einmal vorhält! …

Kopf hoch! …

Aufrecht auf dem Gipfel der Welt schleudern wir noch einmal unsere Herausforderung den Sternen zu! …

Tod dem Mondschein

April 1909

1.

– He! Ihr großen Poeten Brandstifter, meine Futuristenbrüder! … He! Paolo Buzzi, Palazzeschi, Cavacchioli, Govoni, Altomare, Folgore, Boccioni, Carrà, Russsolo, Balla, Severini, Pratella, D'Alba, Mazza! Verlassen wir Paralisi zerstören wir Podagra* und legen wir einen großen militärischen Schienenstrang um die Hüften des Gorisankar, des Gipfels der Welt!

Wir verließen die Stadt mit geschmeidigen, sicheren Schritten, die, so schien es, tanzen wollten und dabei überall nach Hindernissen suchten, die es zu überwinden galt. In uns und in unseren Herzen die gewaltige Trunkenheit der alten europäischen Sonne, die inmitten weinfarbener Wolken taumelte … Diese Sonne schlug uns ihre große purpurn glühende Fackel mitten ins Gesicht, dann krepierte sie, indem sie sich bis aufs Letzte in die Unendlichkeit auskotzte.

Wirbel aggressiven Staubs; blendende Verschmelzung von Schwefel, Kali und Salzen für die Glasfenster des Ideals! … Verschmelzung eines neuen Sonnenglobus, den wir schon bald leuchten sehen werden!

– Feiglinge! – schrie ich und wandte mich an die Einwohner von Paralisi, die sich unter uns als Masse irisierender Haubitzen zusammendrängten, bereit für unsere Zukunftskanonen.

»Feiglinge! Feiglinge! … Was schreit ihr wie lebendig gehäutete Katzen? … Fürchtet ihr vielleicht, dass wir eure Hütten in Brand stecken? … Noch nicht! … Wir werden im nächsten Winter schließlich noch ein warmes Plätzchen brauchen! Fürs Erste wollen wir uns damit begnügen, alle Traditionen in die Luft zu jagen wie brüchige Brücken! … Der Krieg? … Ja, der Krieg! Gegen euch, die ihr viel zu langsam sterbt und gegen all die Toten, die unsere Straßen verstopfen! …

»Ja, unsere Nerven fordern den Krieg und verachten die Frau, denn wir fürchten, dass sich in der Stunde des Abschieds flehende Arme um unsere Knie schlingen könnten. Was bilden sich die Frauen, die Stubenhocker, die Invaliden, die Kranken und all die bedächtigen Ratgeber eigentlich ein? Ihrem schlotternden, von trauriger Agonie, angstvoll zitterndem Schlaf und schweren Alpträumen heimgesuchten Leben ziehen wir den gewaltsamen Tod vor und verherrlichen ihn als den einzigen, welcher der Raubtiernatur des Menschen würdig ist.

»Wir wollen, dass unsere Kinder fröhlich ihren Launen nachgeben und sich den Alten brutal verweigern und auf alles pfeifen, was die Zeit geheiligt hat!

»Das empört euch? Ihr pfeift mich aus? … Ihr erhebt eure Stimmen! … Ich habe die Beleidigung nicht gehört! Lauter! Was? Ehrgeizig? … Klar! Wir sind ehrgeizig, weil wir uns nicht an euren erbärmlichen Fellen reiben wollen, ihr stinkende, schlammfarbene Herde, die auf den alten Straßen der Welt dahintrottet! … Doch eigentlich ist »ehrgeizig« nicht das richtige Wort! Wir sind eher ein ausgelassener Haufen junger Artilleristen … Und so bleibt euch keine andere Wahl, als euch an den Lärm unserer Kanonen zu gewöhnen! Was sagt ihr?… Seid ihr verrückt geworden? … Hurra! Da ist endlich das Wort, auf das ich gewartet habe! … Ah! Ah! Toller Fund! … Seid sorgfältig im Umgang mit diesem Wort aus purem Gold und kehrt mit ihm zu eurer Prozession zurück, um es sodann eifersüchtig in einem eurer Keller zu verschließen! … Mit diesem Wort in den Fingern und auf den Lippen, könnt ihr noch zwanzig Jahrhunderte leben … Was mich betrifft, so verkünde ich euch, dass die Welt mürbe ist vor lauter Weisheit! …

»Dies ist der Grund, weshalb wir euch heute das methodische Heldentum des Alltags lehren; den Geschmack der Verzweiflung, für die das Herz sein Bestes gibt, die Gewöhnung an Begeisterung, Hingabe und Rausch …

»Unter den festen weißen Blicken des Ideals lehren wir den Sprung in den düsteren Tod … Dabei wollen wir selbst als Beispiel dienen, indem wir uns dem rasenden Schlachtenschneider hingeben, der, nachdem er uns eine schöne scharlachrote, in der

Sonne farbenprächtig glänzende Uniform auf den Leib geschneidert hat, unser von Projektilen gekämmtes Haar mit Flammen salben wird, ebenso wie die Hitze eines Sommerabends die Felder mit einem glitzernden Meer von Glühwürmchen bestreicht.

»Jeden Tag müssen die Menschen ihre Nerven mit tollkühnem Stolz elektrisieren! … Die Menschen müssen ihr Leben auf eine Karte setzen, ohne sich um die Falschspieler zu scheren und ohne das Roulette unter ihre Kontrolle bringen zu wollen, während sie sich, ausgebrütet von einer glücklichen Sonnenlampe, über die grünen Teppiche des Krieges beugen. Die Seele muss – wollt ihr das endlich kapieren? – den Körper in Flammen setzen wie ein Brandschiff den Feind, den ewigen Feind, den man erfinden müsste, wenn er nicht bereits existieren würde! …

»Seht ihr dort in der Ferne die Getreideähren, die sich millionenfach zur Schlacht aufgestellt haben … Diese Ähren, geschmeidige Soldaten mit scharfen Bajonetten, verherrlichen die Macht des Brotes, das sich in Blut verwandelt, um in die Höhe zu spritzen, bis zum Zenit. Das Blut, merkt euch das, hat nur Wert und Glanz, wenn es mit Eisen und Feuer aus dem Gefängnis der Arterien befreit wird … Doch zuvor muss die große Kaserne gereinigt werden, in der ihr Insekten kriecht! …

Das wird nicht lange brauchen… In der Zwischenzeit könnt ihr Wanzen heute Abend noch einmal auf euer dreckiges altes Lager zurück, auf dem wir nicht mehr schlafen wollen!«

Während ich mich von ihnen abwandte, fühlte ich durch einen Schmerz in meinem Rücken, dass ich dieses moribunde Volk mit seinem lächerlichen Flackern zusammengedrängter Fische bereits viel zu lange mitgeschleppt hatte in dem riesigen schwarzen Netz meines Wortes, unter der letzten Lichtwelle, die der Abend gegen die Klippen meiner Stirn trieb.

2.

Die Stadt Paralisi, mit ihrem Hühnergackern, ihrem ohnmächtigen Stolz abgebrochener Säulen, ihren großspurigen, jämmerliche Statuen gebärenden Kuppeln, der Launenhaftigkeit ihres Zigarettenrauchs über kindischen Bollwerken … verschwand hinter uns im tanzenden Rhythmus unserer schnellen Schritte.

Vor mir, in einigen Kilometern Entfernung, tauchte in der Höhe, auf dem Buckel eines eleganten Hügels, plötzlich ein Irrenhaus auf, das wie ein Fohlen zu traben schien.

– Brüder, sagte ich – ruhen wir uns zum letzten Male aus, bevor wir mit dem Bau des großen futuristischen Schienenstranges beginnen.

Eingewickelt in den ungeheuren Wahnsinn der Milchstraße legten wir uns im Schatten des Palastes der Lebenden schlafen und unverzüglich verstummte der Krach der großen quadratischen Hämmer von Zeit und Raum … Doch Paolo Buzzi, dessen erschöpfter Körper in jedem Augenblick hochfuhr von den Stichen der giftigen Sterne, die von allen Seiten über ihn herfielen, fand keine Ruhe.

– Bruder! – murmelte ich, verscheuch mir diese Bienen, die um die purpurne Rose meines Willens herumschwirren.

Dann schlief er in dem visionären Schatten des Palastes der Phantasie wieder ein, aus dem der eintönige, wiegende und weite Gesang der ewigen Freude aufstieg.

Enrico Cavacchioli döste vor sich hin und träumte mit lauter Stimme:

– Ich fühle, wie sich mein zwanzigjähriger Körper verjüngt! ... Mit immer kindischer werdenden Schritten schreite ich meinem Grab entgegen... Schon bald werde ich in den Bauch meiner Mutter zurückkehren! ... Ich kann mir also alles erlauben! ... Wertvollen Nippes begehre ich, nur um ihn zu zerbrechen ... Städte, um sie zu zertreten, menschliche Ameisenhaufen, um sie zu verwüsten! ... Ich will die Winde zähmen und sie an die Leine nehmen ... Eine Meute von Winden begehre ich, flüssige Windhunde, um die schlaffen und bärtigen Federwolken zu jagen!

Der Atem meiner schlafenden Brüder klang wie der Schlaf eines gewaltigen Meeres an einem Strand. Doch der niemals versiegende Enthusiasmus der Morgenröte floss bereits aus den Bergen über, hatte doch die Nacht allerorten ihre Düfte und ihre erotische Lymphe reichlich ausgeschüttet. Paolo Buzzi, von der Flut dieses Deliriums emporgehoben, wand sich wie im Schrecken eines Albtraums.

– Hört ihr das Schluchzen der Erde? … Die Erde stirbt im Grauen des Lichts! … Zu viele Sonnen knieten an ihrem blassen Krankenlager! Lassen wir sie weiterschlafen! … In alle Ewigkeit! … Gebt mir Wolken, Mengen von Wolken, um ihre Augen und ihren weinenden Mund zu bedecken.

Bei diesen Worten bot uns die Sonne am Ende des Horizonts ihr zitterndes rotes Feuerrad dar.

– Steh auf, Paolo! – schrie ich. – Ergreife dieses Rad! … Ich ernenne dich zum Lenker dieser Welt! … Doch, ach, wir werden der gewaltigen Arbeit des futuristischen Schienenstrangs nicht gewachsen sein! Unser Herz ist immer noch voll von altem Gerümpel: Pfauenschwänze, aufgeblasene Wetterhähne, lächerlich parfümierte Taschentücher! … Wir haben dic düsteren Ameisen der Weisheit längst noch nicht aus unserem Hirn verjagt … Die Welt braucht Verrückte! … Auf, wir wollen sie befreien!

Während wir ein düsteres Tal durchwanderten, näherten wir uns den von Sonnenstrahlen durchtränkten Mauern. Dreißig Metallkräne hoben kreischend kleine Wagen mit dampfender Wäsche in die Höhe, unnützer Wäsche der Reinlichen, aus der bereits jeder Dreckspritzer von Logik herausgewaschen war.

Zwei Irrenärzte erschienen selbstsicher auf der Schwelle des Palastes. Da ich gerade eine leuchtende Automobillampe in der Hand hatte, tötete ich sie kurzerhand mit ihrem blanken kupfernen Griff.

Aus den weit geöffneten Toren strömten Tausende von Verrückten, Männer und Frauen, ohne ihre Kittel, halbnackt, einem Wildbach gleich, der sich anschickt, das faltige Gesicht der Erde zu verjüngen und ihm seine Farbe zurückzugeben.

Die einen wollten die funkelnden Glocken sogleich wie Spazierstöcke aus Elfenbein schwingen; andere begannen, sich im Kreis aufzustellen und mit den Kuppeln zu spielen … Die Frauen kämmten ihr langes Wolkenhaar mit den Spitzen der Sterne.

– O ihr Verrückten, geliebte Brüder, folgt mir! … Auf den Gipfeln aller Berge werden wir den Schienenstrang bis zum Meer bauen! Wie viele seid ihr? Dreitausend? … Das ist nicht genug! Andererseits werden Überdruss und Monotonie schon bald unseren schönen Schwung erschöpfen! … Lasst uns also die Raubtiere in den Zwingern vor den Toren der Hauptstadt um Rat bitten. Sie sind die lebendigsten, sie sind ohne Wurzeln und vegetieren nicht einfach so vor sich hin. Auf! … Nach Podagra! Nach Podagra! …

So brachen wir auf, phantastischer Abfluss einer gewaltigen Schleuse.

Die Armee des Wahnsinns stürzte sich von Ebene zu Ebene, tropfte in die Täler, schnellte mit dem fatalen, einfachen Schwung einer Flüssigkeit aus enormen, miteinander verbundenen Gefäßen zu den Gipfeln empor, um mit Schreien, Stirnen und Fäusten die Mauern von Podagra, die wie Glocken tönten, zu durchlöchern.

Nachdem die tosende Flut die Wärter überrumpelt hatte, sie betrunken gemacht und am Ende getötet hatte, überschwemmte sie den riesigen schlammigen Gang, in dem die Zwinger voller tanzender Felle im Dampf wilder Urine wogten und sich dabei leichter hin- und herbewegten als die Käfige mit Kanarienvögeln in den Armen der Verrückten.

Das Reich der Löwen verjüngte die Hauptstadt. Der Aufstand der Mähnen und die große Anstrengung der hebelfömigen Kruppen meißelten die Fassaden. Ihre reißende Kraft, die das Straßenpflaster aushöhlte, verwandelte die Straßen in Tunnel mit gesprengtem Gewölbe. Die ganze schwindsüchtige Vegetation der Einwohner von Podagra wurde in den Ofen geschoben. Die Häuser mit ihren heulenden Zweigen zitterten unter dem erbarmungslosen Hagel der Bestürzung, der auf die Dächer niederging.

Mit brüsken Schwüngen und clownesken Verrenkungen bestiegen die Verrückten die schönen gleichmütigen Löwen, die es gar nicht wahrnahmen, und diese bizarren Reiter jubelten über die friedlichen Schläge der Schwänze, die sie ein ums andere Mal zu Boden warfen … Plötzlich hielten die Tiere inne, und die Verrückten verstummten im Angesicht der Mauern, die sich nicht mehr bewegten …

– Die Alten sind tot! … Die Jungen sind geflohen! … Umso besser! … Rasch! Entwurzelt seien die Blitzableiter und die Statuen! … Lasst uns den Goldschatz plündern! … Goldbarren und Münzen! … Wir werden alle Edelmetalle für den Bau des großen Schienenstrangs einschmelzen! …

Dann zogen wir ab, mit den wild gestikulierenden, zerrauften Verrückten, den Löwen, Tigern und Panthern, auf denen nackte Reiter thronten, starr vor Trunkenheit, verdreht an allen Gliedern, und von hysterischer Heiterkeit erfasst.

Podagra glich nun einem enormen Fass roten Schaumweins, der aus den Toren tropfte, deren Zugbrücken zitternd klingenden Trichtern ähnelten …

Wir durchquerten die Ruinenwüste Europas und gelangten bis nach Asien, wo wir die entsetzten Horden von Podagra und Paralisi weitläufig verstreuten, so wie Sämänner ihre Samenkörner mit kreisender Gebärde in die Erde senken.

3.

In der Nacht waren wir fast bis zum Himmel gelangt, auf das persische Hochplateau, den sublimen Altar der Welt, dessen unzählige Treppenstufen in reich bevölkerte Städte geleiteten. In unendlich langen Reihen entlang des Schienenstranges keuchten wir über Schmelztiegeln aus Baryt, Aluminium und Mangan, die von Zeit zu Zeit die Wolken mit ihren blendenden Explosionen aufschreckten; bewacht wurden wir dabei von der majestätischen Runde der Löwen, die mit aufgerecktem Schwanz und vom Wind geblähten Mähnen den tiefen schwarzen Himmel mit ihrem runden weißen Gebrüll durchbohrten.

Nach und nach drang das glänzend heiße Lächeln des Mondes durch die aufgeschlitzten Wolken. Und als der, von berauschender Akazienmilch übergossen, endlich erschien, fühlten die Verrückten, wie ihnen das Herz aus der Brust sprang, um an die Oberfläche der flüssigen Nacht emporzusteigen.

Plötzlich zerriss ein hoher Schrei die Luft; ein Geräusch stieg auf, das für alle hörbar war … Es kam von einem jungen Verrückten, der die Augen einer Jungfrau hatte und auf den Schienen vom Blitz getroffen worden war.

Umgehend trug man seinen Leichnam davon. In den Händen hielt er eine weiße, begehrliche Blume, deren Griffel sich wie die Zunge einer Frau hin- und herbewegte. Einige wollten sie berühren, doch das war nicht gut, denn mit der Leichtigkeit der Morgenröte, die sich über dem Meer erhebt, stieg wundersam schluchzendes Grün aus der von plötzlichen Wellen durchzuckten Erde auf.

Aus der bläulichen Brandung der Wiesen tauchten die dampfenden Haarmähnen unzähliger Schwimmerinnen auf, die seufzend die Kelche ihrer Münder und ihre feuchten Augen öffneten. In der berauschenden Flut der Düfte sahen wir einen Märchenwald um uns herum wachsen, dessen gewölbtes Blattwerk erschöpft zu sein schien von einem allzu lauen Wind. Über allem lag eine bittere Zärtlichkeit…die Nachtigallen tranken die duftenden Schatten mit langsamen Lauten der Lust, und von Zeit zu Zeit brachen sie in Gelächter aus, während sie wie lebhaft schelmische Kinder Verstecken spielten. Langsam übermannte sanfter Schlummer das Heer der Verrückten, die vor Furcht zu schreien begannen.

Sofort stürzten die Raubtiere zu ihrer Hilfe herbei. In sprungbereiten Knäueln und befeuert von einer explosiven Wut, wagten die Tiger drei Mal den Angriff auf die unsichtbaren Gespenster, von denen die Tiefe dieses Zauberwaldes überkochte … Endlich ward die Bresche geschlagen: enorme Zuckungen der verletzten Blätter, deren lange Seufzer ferne, geschwätzige Echos weckten, die in den Bergen verhallten. Doch während wir allesamt verzweifelt versuchten, unsere Arme und Beine aus den Klauen der liebevollen Lianen zu befreien, fühlten wir plötzlich den sinnlichen Mond, den Mond der schönen heißen Schenkel sehnsuchtsvoll an unserem gebrochenen Rückgrat hinuntergleiten.

In der luftigen Einsamkeit der Hochplateaus erklang der Schrei:

– Tod dem Mondschein!

Einige rannten zu den Wasserfällen; riesige Räder wurden montiert, und die Turbinen verwandelten den Fluss des Wassers in magnetische Zuckungen, die an hohen Leitungsmasten zu leuchtenden und brummenden Globen hinaufkletterten.

Auf diese Weise löschten dreihundert elektrische Monde mit ihren Strahlen aus leuchtendem Gips die alte grüne Königin der Liebe aus.

Der militärische Schienenstrang wurde gebaut. Ein außergewöhnlicher Schienenstrang, der hoch oben über die Kämme der Berge führte, von denen aus sich unsere wuchtigen, von gellenden Schreien tönenden Lokomotiven von Gipfel zu Gipfel, in jeden Abgrund schleuderten und auf der Suche nach hungrigen Abgründen, gefährlichen Kurven und einem unmöglichen Zickzack immer weiter kletterten … In der Ferne und aus allen Richtungen zeichnete unbändiger Hass unseren mit Flüchtenden gespickten Horizont … Das waren die Horden von Podagra und Paralisi, die wir über dem Hindustan ausschütteten.

4.

Verbissene Verfolgungsjagd … Wir überschreiten den Ganges! Endlich jagt der ungestüme Atem in unserer Brust die kriechenden Wolken in ihren feindseligen Zusammenballungen vor uns her, und wir erblicken am Horizont die grünen Zuckungen des Indischen Ozeans, dem die Sonne einen phantastischen goldenen Maulkorb aufsetzte … Ausgestreckt in den Golfen von Oman und Bengalen bereitete sie sich heimtückisch auf die Invasion der Erde vor.

Am äußersten Ende der Halbinsel Kormorin, an deren Saum sich eine Masse aus bleichen Knochensplittern auftürmt, erscheint endlich der riesige, fleischlose Esel mit seinem vom köstlichen Gewicht des Mondes ausgehöhlten Rücken aus gräulichem Pergament … Endlich der gelehrte Esel, mit seinem weitschweifigen, mit Schriften gestopften Glied, der seit unausdenklichen Zeiten seinen asthmatischen Groll in die Welt brüllt, auf die Nebel am Horizont, wo drei große Schiffe mit Segeln, die an die Röntgenbilder einer Wirbelsäule erinnern, sich unbeweglich nähern.

Sogleich streckte die unüberschaubare Masse der von den Verrückten gerittenen Raubtiere im Wirbel der Mähnen, die den Ozean zur Hilfe riefen, ihre zahllosen Mäuler aus den Fluten. Und der Ozean antwortete dem Anruf, indem er seinen riesigen Rücken wölbte und die Halbinseln kräftig durchrüttelte, ehe er zum Sprung ansetzte. Ausgiebig erprobte er seine Kräfte, indem er seine Hüften wiegte und den klingenden Bauch elastisch kreisen ließ. Schließlich gelang es dem Ozean mit einer großen Anstrengung der Lenden, die eigene Masse in die Höhe zu stemmen und die Uferlinie zu übersteigen … So begann die außerordentliche Invasion.

In den weiten Kreisen der stampfenden Wellen marschierten wir als riesige Globen aus weißem Schaum, die sich, die Rücken der Löwen dabei bespritzend, wild überschlugen … Die hinter uns im Halbkreis aufgestellten Löwen fuhren nach allen Seiten ihre Krallen aus und verlängerten dabei den zischenden Geifer und das Geheul des Wassers. Von Zeit zu Zeit warfen wir einen Blick vom Gipfel des Hügels und sahen, wie der Ozean nach und nach sein monströses Profil aufblähte wie ein riesiger Wal, der sich mit seinen Millionen Flossen vorwärts stößt.

Wir waren es, die ihm den Weg bis an die Kette des Himalajas wiesen. Dabei öffneten wir den Ameisenhaufen der fliehenden Horden wie einen Fächer, um sie an den Hüften des Gorisankar zu zerschmettern.

– Schnell, meine Brüder! … Wollt ihr etwa, dass die Raubtiere uns einholen? Trotz unserer langsamen Schritte, welche die Säfte der Erde aussaugen, müssen wir in der ersten Reihe bleiben … Zum Teufel mit diesen klebrigen Händen und diesen Füßen, die ihre Wurzeln hinter sich herschleppen! … Oh! … nichts anderes als arme umherirrende Bäume sind wir. Wir wollen Flügel! … Bauen wir uns also Flugzeuge.

– Azurblau sollen sie sein!, schrien die Verrückten – azurblau, um uns besser den Blicken des Feindes zu entziehen und uns dem Azurblau des Himmels anzugleichen, der bei Wind über den Höhen flattert wie eine riesige Fahne.

– Und die Verrückten stahlen in den alten Pagoden türkisblaue, dem Buddha geweihte Gewänder, um ihre Flugmaschinen zu bauen.

– Wir schnitten unsere futuristischen Flugzeuge aus der ockerfarbenen Leinwand großer Segel. Einige hatten gut ausgeglichene Flügel und erhoben sich mithilfe von Motoren wie blutige Geier, die zuckende Kälber mit sich in die Luft heben.

– Endlich: Mein Flugapparat ist ein vielzelliger Doppeldecker mit Schwanzsteuerung: 100 HP, 8 Zylinder, 80 Kilo schwer … Zwischen den Füßen habe ich ein klitzekleines Maschinengewehr, das ich laden kann, indem ich auf einen Stahlknopf drücke … Und so starte ich im Rausch einer intelligenten Evolution meinen lebendigen, knatternden, leichten Flug im Rhythmus eines Trink- oder Tanzliedes.

– Hurra! Endlich haben wir uns als würdig erwiesen, das große Heer der Verrückten und entfesselten Raubtiere anzuführen! … Hurra! Wir beherrschen unsere Nachhut: den Ozean mit seiner Hülle schäumender Kavallerie! … Vorwärts, ihr Verrückten, Löwen, Tiger und Panther! Vorwärts Heere der Wellen! … Unsere Flugzeuge werden euch, je nach Bedarf, Kriegsflaggen und leidenschaftliche Liebhaber sein! Köstliche Liebhaber, die mit weit ausgebreiteten Armen auf der Brandung des Blattwerks schwimmen oder sich nachgiebig auf der Schaukel der Winde treiben lassen! … Doch schaut nur, dort unten, rechts, diese blauen Schiffchen … Das sind die Verrückten, die ihre Eindecker auf der Hängematte des Südwinds wiegen! … Ich aber sitze wie ein Weber an seinem Webstuhl und webe das seidige Azurblau des Himmels! … Oh! Wie viele frische Täler, wie viele mürrische Berge unter uns! … Wie viele rosafarbene Schafherden an grünen Hängen, die sich dem Sonnenuntergang darbieten! … Du liebtest sie, meine Seele! … Nein! Nein! Schluss! Du wirst derartige Fadheiten niemals mehr genießen! … Das Schilfrohr, aus dem wir einst Flöten schnitzten, dient mir nun als Gerippe dieses Flugzeugs! … Nostalgie! Triumphaler Rausch! … Bald schon werden wir die Einwohner von Podagra und Paralisi erreicht haben, denn wir halten trotz der Gegenwinde Kurs … Was zeigt das Anemometer? … Der Gegenwind hat eine Geschwindigkeit von 100 Stundenkilometern erreicht! … Umso besser! Ich steige auf zweitausend Meter, um das Hochplateau zu überfliegen … Endlich! Endlich die Horden! … Dort, dort, vor uns und doch bereits schon unter uns!…Schaut hinunter, wie inmitten dieses Haufens Grünzeug der wahnsinnige Tumult dieses menschlichen Wildbachs verbissen die Flucht ergreift! … Dieser Lärm? … Und der Zusammenprall der Bäume! Ah! Ah! Wir haben die feindlichen Horden bereits gegen die Mauer des Gorisankar geschleudert! … Und wir werden ihnen eine Schlacht liefern! … Hört nur! Hört ihr, wie unsere Motoren applaudieren? … He, großer Indischer Ozean, erhebe dich!«

Feierlich folgte der Ozean uns, während er die Mauern der altehrwürdigen Städte einriss und die berühmten Türme aus dem Sattel warf und die alten Ritter in ihren klingenden Rüstungen, die von den marmornen Bögen der Tempel gestürzt waren.

– Endlich! Endlich! Da liegst du vor uns, großes Ameisenvolk der Gichtigen und Gelähmten, ekelhafter Aussatz, der die schönen Hüften der Berge verschlingt … Wir fliegen euch eilig entgegen, begleitet vom Galopp der Löwen, unserer Brüder. Wir haben die bedrohliche Freundschaft mit dem Ozean, der uns auf den Fersen ist und unser Zurückweichen verhindert, hinter uns gelassen! … Es ist eine reine Vorsichtsmaßnahme, denn wir fürchten uns nicht vor euch! … Doch ihr seid unzählig viele! … Wir könnten unsere gesamte Munition während des Blutbades verpulvern und dabei älter werden! … Ich werde die Schusslinie festlegen! … Ich setze sie auf achthundert Meter hinauf! Achtung! … Feuer! … Oh! Rausch, Murmeln zu spielen mit dem Tod! … Und ihr könnt das nicht begreifen! … Weicht ihr immer noch zurück? Dieses Hochplateau wird bald überwunden sein! … Mein Flugzeug fährt auf seinen Rädern, rutscht auf seinen Rollschuhen und erhebt sich von Neuem in die Lüfte! … Ich fliege gegen den Wind! … Bravo, ihr Verrückten! … Vollendet das Massaker! … Schaut nur! Ich schalte die Zündung aus und falle in aller Selenruhe hinunter, im freien Flug, mit phantastischer Stabilität, um schließlich mitten im Handgemenge zu landen!

– Endlich die rasende Kopulation der Schlacht, gigantische Vulva, regenbogenfarben von der Geilheit des Mutes, formlose Vulva, die sich aufreißt, um sich besser dem grauenhaften Spasmus des unmittelbar bevorstehenden Sieges darzubieten! Der Sieg ist unser … ich bin mir ganz sicher, denn die Verrückten schleudern ihre Herzen wie Bomben bereits gegen den Himmel! … Ich steige bis auf eine Höhe von 100 Metern! Achtung! … Feuer! … Unser Blut? … Ja! Unser Blut fließt in Strömen, um den kranken Morgenröten der Erde wieder Farbe zu verleihen! … Ja, wir werden dich in unseren rauchenden Armen erwärmen, elende Sonne, hinfällige, fröstelnde, die du auf dem Gipfel des Gorisankar zitterst! …

* Die Namen der beiden Städte sind nicht zufällig gewählt, sondern haben im italienischen Original eine konkrete Bedeutung, die sich dem muttersprachlichen Leser unmittelbar erschließt: *Paralisi* bedeutet Lähmung, *Podagra* Gicht in den Füßen. Ich habe diesen Terminus, den Marinetti häufig in herabsetzender Absicht verwendet, um der besseren Lesbarkeit willen schlicht mit »fußkrank« bzw. »Fußkranke« übersetzt. Als Metapher steht *Podagra* für all diejenigen, die nicht mehr laufen, also nicht mehr Schritt halten können mit dem Tempo des Futurismus.

Technisches Manifest der futuristischen Literatur

11. Mai 1912

Während ich im Flugzeug auf dem Benzintank saß und meinen Bauch am Kopf des Fliegers wärmte, wurde mir die lächerliche Vergeblichkeit der alten, von Homer geerbten Syntax bewusst. Heftiges Bedürfnis, die Wörter zu befreien, sie aus dem Gefängnis des lateinischen Satzbaus zu zerren! Dieser hat natürlich, wie jeder Dummkopf, einen vorausschauenden Kopf, einen Bauch, zwei Beine und zwei Plattfüße, allein, ihm werden niemals Flügel wachsen. Es reicht gerade, um laufen zu können, einen Augenblick lang zu rennen, nur um sofort wieder schnaubend innezuhalten!

Dies hat mir der surrende Propeller eingegeben, während er in zweihundert Meter Höhe über die mächtigen Schlote von Mailand flog. Und er fügte hinzu:

1. MAN MUSS DIE SYNTAX DADURCH ZERSTÖREN, DASS MAN DIE SUBSTANTIVE ZUFÄLLIG ANORDNET, SO WIE ES GERADE KOMMT.

2. MAN MUSS DAS VERB IM INFINITIV VERWENDEN, damit es sich elastisch an das Substantiv anpasst und sich nicht dem *Ich* des Schriftstellers unterordnet, der beobachtet oder erfindet. Nur das Verb im Infinitiv kann das Gefühl der Fortdauer des Lebens und der Elastizität der Intuition, durch die sie wahrgenommen wird, vermitteln.

3. MAN MUSS DAS ADJEKTIV ABSCHAFFEN, damit das bloße Substantiv seine wesentliche Farbe beibehält. Das Adjektiv ist an sich nuancierend und deshalb unvereinbar mit unserer dynamischen Vision, da es Stillstand und Meditation voraussetzt.

4. MAN MUSS DAS ADVERB ABSCHAFFEN, diese alte Schnalle, die ein Wort an das andere bindet. Das Adverb verleiht dem Satz eine enervierende Einheitlichkeit des Tonfalls.

5. JEDES SUBSTANTIV MUSS EIN ÄQUIVALENT HABEN, d. h. jedes Substantiv muss, ohne Konjunktion, mit einem analogen verbunden werden. Beispiel: Mensch-Torpedoboot, Frau-Meerbusen, Masse-Brandung, Platz-Trichter, Tür-Wasserhahn.

Da die Fluggeschwindigkeit unsere Kenntnis der Welt vervielfacht hat, wird die Wahrnehmung durch Analogien dem Menschen immer natürlicher. Man muss folglich die Wörter *wie, gleich, so wie, ähnlich* unterdrücken. Besser noch sollte man den Gegenstand direkt mit dem Bild, das er hervorruft, verschmelzen und so das Bild mit einem einzigen wesentlichen Wort in verkürzter Form wiedergeben.

6. AUCH DIE ZEICHENSETZUNG ABSCHAFFEN. Sind Adjektive, Adverbien und Konjunktionen erst abgeschafft, dann wird natürlich auch die Zeichensetzung in der variablen Dauer eines lebendigen Stiles, der sich ohne die absurden Pausen der Kommata und der Punkte selbst erfindet, hinfällig. Um gewisse Bewegungen und deren Richtung anzugeben, wird man auf mathematische und musikalische Zeichen zurückgreifen: + - : = > <.

7. Die Schriftsteller haben sich bisher mit unmittelbar einsichtigen Analogien begnügt. Sie haben zum Beispiel Mensch und Tier verglichen, was im Grunde eine mehr oder weniger fotografische Vorgehensweise ist. Sie haben zum Beispiel einen Foxterrier und einen winzigen reinrassigen Hund miteinander verglichen. Fortschrittlichere könnten denselben zitternden Foxterrier mit einem kleinen Morseapparat vergleichen. Ich vergleiche ihn hingegen mit kochendem Wasser. Es liegt in alldem EINE IMMER GROSSZÜGIGERE ABSTUFUNG DER ANALOGIEN, die Beziehungen werden, auch wenn sie immer ferner rücken, zugleich tiefer und fester.

Analogien sind nichts anderes als die tiefe Liebe, die noch die entferntesten, scheinbar unterschiedlichsten und feindlichsten Gegenstände miteinander verbindet. Einzig durch großzügige Analogien kann ein orchestraler Stil, der sich zugleich durch Vielfarbigkeit, Vielstimmigkeit und Vielgestaltigkeit auszeichnet, das Leben der Materie erfassen. Als ich in meiner *Schlacht um Tripolis* einen von Bajonetten gezackten Schützengraben mit einem Orchester verglichen habe, ein Maschinengewehr mit einer Femme fatale, habe ich intuitiv einen großen Teil des Universums in einer kleinen afrikanischen Episode ausgedrückt.

Die Bilder sind keine Blumen, die man aussucht und mit Sparsamkeit pflückt, wie Voltaire sagte. Sie sind das Blut der Poesie. Die Poesie muss eine unablässige Abfolge von neuen Bildern sein, sonst wird sie blutarm und bleichsüchtig.

Je mehr großzügige Beziehungen die Bilder enthalten, umso länger erhalten sie ihre Kraft des Erstaunens. Es heißt, man solle die Betroffenheit des Lesers schonen. Ach was! Kümmern wir uns lieber um die verhängnisvollen Abnutzungserscheinungen der Zeit, die nicht nur die Ausdruckskraft eines Kunstwerks zerstört, sondern auch seine Kraft, Erstaunen hervorzurufen. Haben unsere alten, viel zu oft begeisterten Ohren Beethoven und Wagner nicht im Grunde genommen bereits zerstört? In der Sprache muss alles abgeschafft werden, was sie an Klischees und farblosen Metaphern enthält, also so ziemlich alles.

8. ES GIBT KEINE BILDKATEGORIEN, vornehme oder grobe oder gewöhnliche, exzentrische oder na-

türliche. Die Intuition, die sie wahrnimmt, kennt weder Vorlieben noch Voreingenommenheiten. Der analoge Stil ist folglich der unumschränkte Herrscher über die gesamte Materie und ihr intensives Leben.

9. Um die aufeinander folgenden Bewegungen eines Gegenstandes zu vermitteln, muss man die Kette der Analogien, die sie hervorruft, wiedergeben und jede Analogie in einem wesentlichen Wort zusammenfassen.

Hier ein ausdrucksvolles Beispiel für eine Analogiekette, die allerdings noch immer in traditioneller Syntax, gleichsam verkleidet und beschwert, daherkommt:

»Gewiss, Sie kleines Maschinengewehr sind eine bezaubernde Frau, unheilvoll und göttlich, am Steuer eines unsichtbaren Automobils mit 100 Pferdestärken, schnaubend und vor Ungeduld stampfend. Oh! Bald werden Sie in den Todeskreis springen, in Trümmern abstürzen oder siegen! ... Möchten Sie, dass ich Ihnen Madrigale voller Anmut und Farbe darbringe? Ganz wie es Ihnen beliebt, Gnädigste In meinen Augen gleichen Sie einem gestikulierenden Volkstribun, dessen Beredsamkeit die um ihn versammelte Zuhörerschaft zu Tränen rührt Sie sind in diesem Moment ein gewaltiger Bohrer, der den allzu harten Schädel dieser eigensinnigen Nacht durchbohrt Sie sind auch ein Walzwerk, eine elektrische Drehbank, und was sonst noch? Ein großes Sauerstoffgebläse, das brennt, ziseliert und

nach und nach die Metallspitzen der letzten Sterne zusammenschweißt! …« (»Schlacht von Tripolis«)

In einigen Fällen wird man jeweils zwei Bilder zusammenfassen müssen, wie zusammengekettete Kugeln, die sich im Flug gegen eine Baumgruppe schleudern.

Um alles einzufangen und aufzunehmen, was die Materie an Flüchtigem und Unfassbarem hergibt, muss man ENGMASCHIGE NETZE VON BILDERN UND ANALOGIEN bilden und sie in das geheimnisvolle Meer der Phänomene auswerfen. Abgesehen von der Form traditioneller Girlanden mag der folgende Satz aus meinem Roman »Marfaka der Futurist« als Beispiel für ein solch engmaschiges Netz von Bildern dienen:

»All die herbe Süße einer entschwundenen Jugend stieg aus seiner Kehle auf, wie vom Schulhof die fröhlichen Rufe der Kinder zu den Lehrern aufsteigen, die an der Brüstung stehen, von der aus man die Schiffe fliehen sieht.«

Und hier noch drei weitere Bild-Netze:

»Um den Brunnen von Burmeliana herum, unter dichtbelaubten Olivenbäumen, kauerten lässig drei Kamele im Sand und gurgelten vor Freude wie alte steinerne Dachrinnen, die das Schack-Schack ihres Ausspuckens mit dem regelmäßigen Plumpsen der Dampfpumpe vermischten, welche die Stadt mit Trinkwasser versorgt. Gekreische und futuristische Dissonanzen im tiefen Orchester der Schützengräben mit ihren gewundenen Öffnungen und ihren widerhallen-

den Stollen mitten im Hin und Her der Bajonette, Violinbogen, die der rote Dirigentenstab der untergehenden Sonne begeistert aufflammen lässt …

»Der Sonnenuntergang-Dirigent sammelt mit einer weiten Handbewegung die zerstreuten Flöten der Vögel in den Bäumen, die klagenden Harfen der Insekten, das Geknarre der Äste und das Knirschen der Steine. Plötzlich bringt er die Pauken des Kochgeschirrs und die aneinanderstoßenden Gewehre zum Verstummen, um mit voller Stimme unter Begleitung des gedämpften Orchesters alle goldenen Sterne singen zu lassen, die aufrecht, mit offenen Armen, auf der Bühne des Himmels stehen. Eine große Dame wohnt diesem Schauspiel bei. In ihrem tiefen Dekolleté zeigt sie ihren riesigen Busen, dessen rosig geschminkte Kurven unter den funkelnden Juwelen der verschwenderischen Nacht zerfließen.« (»Schlacht von Tripolis«)

10. Da jede Art von Ordnung fatalerweise das Produkt eines vorsichtigen und wachsamen Verstandes ist, muss man die Orchestration der Bilder so vornehmen, dass man sie in GRÖSSTMÖGLICHE UNORDNUNG bringt.

11. DAS »ICH« IN DER LITERATUR ZERSTÖREN, d. h. die gesamte Psychologie. Der durch Bibliotheken und Museen verdorbene, einer Furcht erregenden Logik und Weisheit unterworfene Mensch ist vollkommen uninteressant. Folglich müssen wir die Literatur abschaffen und sie endlich durch Materie

ersetzen, deren Wesen unmittelbar durch die Intuition erfasst werden muss. Dies werden die Physiker und Chemiker niemals leisten können.

Mithilfe der befreiten Gegenstände und der launischen Motoren die Atmung, Wahrnehmung und Instinkte der Metalle, der Steine, des Holzes usw. in Erstaunen versetzen. Die längst erschöpfte Psychologie des Menschen durch die LYRISCHE OBSESSION DER MATERIE ersetzen.

Hütet euch allerdings davor, der Materie menschliche Gefühle zuzuschreiben, sondern versucht stattdessen, ihre unterschiedlichen Verhaltensimpulse zu erfassen, ihre Fähigkeit der Kompression und der Ausdehnung, der Kohäsion und der Auflösung, ihre massenhaften Schwärme von Molekülen und ihren Elekronenwirbel. Es geht nicht darum, die Dramen der vermenschlichten Materie wiederzugeben. Die Festigkeit einer Stahlplatte interessiert uns um ihrer selbst willen, d. h. aufgrund der unbegreiflichen und nicht menschlichen Verbindung der Moleküle und Elektronen, die sich zum Beispiel dem Eindringen eines Schrapnells widersetzen. Die Wärme eines Stück Eisens oder Holzes ist für uns aufregender als das Lächeln oder die Tränen einer Frau.

Wir wollen in der Literatur das Leben des Motors wiedergeben, dieses neuen, instinktiven Tieres, dessen allgemeinen Instinkt wir begreifen, wenn wir die verschiedenen Kräfte erkannt haben, aus denen er besteht.

Nichts ist für einen futuristischen Dichter interessanter als die Bewegungen der Tasten eines mechanischen Klaviers. Das Kino zeigt uns den Tanz eines Gegenstandes, der auseinanderstrebt und sich ohne menschliches Eingreifen wieder zusammensetzt. Es zeigt uns auch rückwärts den Sprung eines Schwimmers, dessen Füße aus dem Wasser auftauchen und mit Macht auf das Sprungbrett zurückprallen. Und schließlich zeigt es uns einen Menschen bei 200 Stundenkilometern. All dies sind Bewegungen der Materie außerhalb der Intelligenz und eben aus diesem Grunde von bedeutsamer Wesenheit.

Drei Elemente, die bislang vernachlässigt worden sind, müssen in die Literatur eingeführt werden:

1) DER LÄRM (Ausdruck des Dynamismus der Gegenstände)

2) DAS GEWICHT (Flugvermögen der Gegenstände)

3) DER GERUCH (Streuvermögen der Gegenstände)

Bemühen, etwa die Geruchslandschaft wiederzugeben, die ein Hund wahrnimmt. Den Motoren lauschen und deren Unterhaltungen wiedergeben.

Die Materie wurde seit je von einem zerstreuten, kalten, viel zu sehr von sich selbst abgelenkten *Ich* angeschaut, das voller Vorurteile, Weisheit und menschlichen Obsessionen war.

Der Mensch neigt dazu, die Materie, die ein bewundernswertes, kontinuierliches Streben nach größerem Feuer, größerer Bewegung, größerer Unterteilung ihrer selbst besitzt, mit seiner jungen Freude oder seinem alten Schmerz zu besudeln. Die Materie ist weder traurig noch heiter. Ihrem Wesen nach ist sie Mut, Wille, absolute Kraft. Sie gehört ganz und gar dem Dichter-Seher, der sich von ihrer traditionellen, schwerfälligen, einengenden, dem Boden verhafteten Syntax ohne Arme noch Flügel zu befreien versteht, die einzig vom Verstand geleitet wird. Nur der a-syntaktische Dichter der unverbundenen Wörter wird in das Wesen der Materie eindringen und die taube Feindseligkeit zerstören, die sie von uns trennt.

Der lateinische Satzbau, dessen wir uns bisher bedient haben, war eine anspruchsvolle Art, mit der die anmaßende und kurzsichtige Intelligenz versucht hat, das vielgestaltige und geheimnisvolle Leben der Materie zu bändigen. Der lateinische Satz war eine Totgeburt.

Wenn wir die tiefen Intuitionen des Lebens Wort für Wort aneinanderfügen, unlogisch, so wie sie gerade entstehen, dann geben sie uns die Hauptlinien einer INTUITIVEN PSYCHOLOGIE DER MATERIE vor. Diese eröffnete sich meinem Geist aus der Höhe eines Flugzeugs. Indem ich die Gegenstände aus einer neuen Perspektive wahrnahm, nicht länger von vorn oder hinten, sondern von oben, also verkürzt, konnte ich die alten Stricke der Logik und die Senkbleie traditionellen Begreifens zerreißen.

Ihr alle, die ihr mich geliebt habt und mir bis hierher gefolgt seid, futuristische Dichter, ihr gehört ebenso wie ich zu den unermüdlichen Bilderkonstrukteuren und mutigen Analogienforschern. Unglücklicherweise sind eure engmaschigen Metaphernnetze noch zu sehr von bleierner Logik beschwert. Ich rate euch, sie leichter zu machen, damit eure ins Unermessliche gesteigerte Geste sie in die Ferne schleudern und über einen immer weiteren Ozean breiten kann.

Gemeinsam werden wir das, was ich DRAHTLOSE VORSTELLUNGSKRAFT nenne, erschaffen. Eines Tages werden wir zu einer noch wesenhafteren Kunst gelangen, dann nämlich, wenn wir die ersten Glieder unserer Analogie zu unterdrücken wagen und nur noch die sekundären Analogiekettenglieder benutzen. Um dies zu verwirklichen, müssen wir davon Abstand nehmen, verstanden werden zu wollen. Verstanden zu werden, ist nicht notwendig. Wir haben bereits darauf verzichtet, als wir Fragmente futuristischer Wahrnehmung mittels traditioneller Verstandessyntax ausgedrückt haben.

Die Syntax war eine Art abstrakter Geheimschrift, die den Dichtern dazu diente, die Menschen über Farbe, Musikalität, Plastik und Architektur des Universums in Kenntnis zu setzen. Die Syntax war eine Art Dolmetscher oder langweiliger Fremdenführer. Dieses Zwischenglied muss beseitigt werden, damit die Literatur direkt ins Universum eintreten und eins mit ihm werden kann.

Zweifellos unterscheidet sich mein Werk aufs Deutlichste von allen anderen durch die erschreckende Wucht seiner Analogien. Sein unerschöpflicher Bilderreichtum kommt fast seiner Unordnung der logischen Zeichensetzung gleich. Begonnen hat alles mit dem ersten futuristischen Manifest, der Synthese von 100 Pferdestärken, das mit wahnsinniger irdischer Geschwindigkeit losrast.

Weshalb sollte man sich noch immer vier verbitterter gelangweilter Räder bedienen, wo man doch bereits vom Boden abheben kann? Befreiung der Wörter, ausgebreitete Flügel der Imagination, analoge Synthese der Erde, die mit einem einzigen Blick erfasst wird und in ihrer Gesamtheit in wesentlichen Wörtern enthalten ist.

Man ruft uns zu: »Eure Literatur wird nicht schön sein! Wir werden keine Wortsymphonien der harmonischen Schwingungen und beruhigenden Kadenzen mehr haben!« Richtig! Zum Glück! Wir werden stattdessen brutale Töne verwenden, ausdrucksvolle Schreie des heftigen Lebens, das uns umgibt. FÜHREN WIR MUTIG DAS »HÄSSLICHE« IN DIE LITERATUR EIN UND TÖTEN ALSO DIE FEIERLICHKEIT. Los! Ziert euch nicht wie Hohepriester, wenn ihr mir zuhört! Man muss täglich auf den *Altar der Kunst* spucken! Wir betreten das grenzenlose Reich der freien Intuition. Nach dem freien Vers nun endlich DIE BEFREITEN WÖRTER!

In all dem liegt nichts Absolutes oder Systematisches. Der Genius kennt heftige Stürme und schlammige Wildbäche. Er verlangt bisweilen nach analytischer, erklärender Langsamkeit. Niemand kann seine Wahrnehmung auf einen Schlag erneuern. Die toten Zellen sind mit den lebendigen vermischt. Die Kunst ist ein Bedürfnis nach Zerstörung und Zerstreuung, eine große Gießkanne des Heldentums, die die Welt überschwemmt. Die Mikroben – vergesst sie nicht – sind unerlässlich für die Gesundheit von Magen und Darm. Es gibt auch eine Mikrobenart, die notwendig für die Vitalität der KUNST IST, DIESER VERLÄNGERUNG DES WALDES BIS IN UNSERE ADERN HINEIN, und die sich aus dem Körper hinaus in die Unendlichkeit von Raum und Zeit ergießt.

Futuristische Dichter! Ich habe euch gelehrt, Bibliotheken und Museen zu hassen, um euch darauf vorzubereiten, DIE INTELLIGENZ zu hassen. Ich habe in euch die göttliche Intuition wiedererweckt, diese charakteristische Gabe romanischer Völker. Durch die Intuition werden wir die scheinbar unüberwindliche Feindschaft besiegen, die unser menschliches Fleisch vom Metall der Motoren scheidet.

Nach dem Reich der Tiere beginnt das mechanische Reich. Durch die Kenntnis und die Freundschaft der Materie, von der die Wissenschaftler nur die physisch-chemischen Reaktionen erfassen können, bereiten wir uns auf die Erschaffung des MECHANISCHEN MENSCHEN MIT ERSATZTEILEN VOR. Wir werden ihn von der Idee des Todes und also vom Tod selbst befreien, dieser höchsten Definition logischen Denkens.

Antwort auf die Einwände

11. August 1912

Ich verachte das Geschwätz und die Ironie und beantworte die skeptischen Fragen und die wichtigsten Entgegnungen, die in der europäischen Presse meinem *technischen Manifest der futuristischen Literatur* entgegengebracht worden sind.

1. – Diejenigen, die verstanden haben, was ich mit *Hass der Intelligenz* sagen wollte, glaubten hier den Einfluss der Philosophie Bergsons zu erkennen. Sie wissen sicher nicht, dass mein erstes episches Gedicht *La Conquête des Etoiles*, das 1902 veröffentlicht wurde, auf der ersten Seite als Inschrift drei Verse von Dante trug:

> »Sinnlose Sorge du der Sterblichen
> Wie sind so trügerisch all deine Schlüsse
> Ob derer abwärts du die Flügel schlägst«
> *Paradies, 11. Gesang*

Und folgenden Gedanken von Edgar Allan Poe:

> »… Der poetische Geist – diese, wie wir heute wissen, allererhabenste Fähigkeit überhaupt, – denn die bedeutsamsten Wahrheiten konnten nur durch Analogien enthüllt werden, deren für die Intuition unerlässliche Beredsamkeit für die

schwache und einsame Vernunft ansonsten bedeutungslos ist.«
Edgar Allan Poe *Gespräch zwischen Monos und Una*

Weitaus früher als Bergson stimmen diese schöpferischen Geister mit meinem Genius vollkommen überein, bringen sie doch ohne Umschweife ihren Hass auf die kriecherische, kranke und einsame Intelligenz zum Ausdruck und sprechen der intuitiven und göttlichen Vorstellungskraft alle Rechte zu.

2. – Wenn ich von Intuition und Intelligenz spreche, so will ich keineswegs von zwei vollkommen getrennten Bereichen sprechen. Jeder schöpferische Geist hat im Schaffensprozess feststellen können, dass sich Intuition und logische Intelligenz verweben.

Es ist daher unmöglich, jenen Moment zu bestimmen, in dem die unbewusste Inspiration aufhört und der bewusste Wille beginnt. Bisweilen gibt der Wille den Ausschlag zur Inspiration, bisweilen begleitet er sie. Nach vielen Stunden mühevoller und angestrengter Arbeit befreit sich der schöpferische Geist plötzlich vom Gewicht der Hindernisse und wird gleichsam zum Opfer einer sonderbaren Spontaneität von Konzeption und Ausführung. Die schreibende Hand scheint sich vom Körper zu lösen und ins Freie zu verlängern, weit weg vom Gehirn, das ebenfalls losgelöst vom Körper ätherisch geworden ist und aus der Höhe mit erschreckender Klarheit die unerwarteten Sätze betrachtet, die ihm aus der Feder fließen.

Ist dieses dominante Gehirn tatsächlich unbeweglich in Betrachtung versunken oder aber lenkt es in Wahrheit die Sprünge der Vorstellungskraft, welche die Hand erschüttern? Es ist unmöglich, diese Frage zu beantworten. Ich selbst habe in solchen Momenten auf körperlicher Ebene nur eine große Leere des Magens beobachten können.

Unter *Intuition* verstehe ich folglich einen gedanklichen Zustand, der fast vollkommen intuitiv und unbewusst ist. Unter *Intelligenz* verstehe ich einen gedanklichen Zustand, der fast vollkommen intellektuell und vom Willen bestimmt ist.

3. – Die ideale Poesie, von der ich träume und die nichts anderes wäre als die ununterbrochene Reihe sekundärer Analogien, hat nichts Allegorisches. Die Allegorie ist die Abfolge der sekundären Begriffe verschiedener Analogieketten, die allesamt logisch miteinander verbunden sind. Die Allegorie ist manchmal auch der zweite Ausdruck einer minutiös reflektierten Analogie.

Was mich interessiert, ist hingegen die unlogische, nicht erklärende, sondern intuitive Abfolge der sekundären Begriffe vieler unverbundener und häufig gegensätzlicher Analogien.

4. – Alle begabten Stilisten haben mühelos feststellen können, dass es sich beim Adverb nicht nur um ein

Wort handelt, welches das Verb, das Adjektiv oder ein anderes Adverb verändert, sondern zugleich um ein musikalisches Verbindungsglied, das die unterschiedlichen Klänge der Satzperioden vereint.

5. – Ich halte es für notwendig, Adjektive und Adverbien fallen zu lassen, da sie gleichzeitig und nacheinander die bunten Fesseln, der milde Faltenwurf, der Sockel, das Brückengeländer und die Balustrade des traditionellen Satzes sind.

Eben durch den weisen Gebrauch von Adjektiv und Adverb kommt das eintönig melodiöse und monotone Schaukeln des Satzes zustande, sein fragendes oder rührendes Aufbäumen und sein langsam ruhiger Wellenfall auf den Strand. Mit immergleichen Empfindungen hält die Seele den Atem an, zittert ein bisschen, fleht darum, beruhigt zu werden, und atmet schließlich befreit auf, wenn die Welle der Wörter mit ihren Satzzeichen aus Kieselsteinen in das finale Echo mündet.

Adjektiv und Adverb haben eine dreifache Funktion, eine erklärende, eine dekorative und eine musikalische. Dadurch geben sie die schwere oder leichte, die langsame oder schnelle Qualität des Substantivs an, das sich im Satz bewegt. Sie sind die Stöcke und Krücken des Substantivs. Ihre Länge und ihr Gewicht regulieren das Schritttempo des Stils, der notwendigerweise unter Bewachung steht, und hindern ihn, den Flug der Vorstellungskraft wiederzugeben.

Wenn man etwa schreibt: »Eine schöne junge

Frau geht rasch über einen Marmorboden«, so wird der konventionelle Geist sich sofort an der jungen und schönen Frau festhalten, auch wenn die Intuition ganz einfach eine schöne Bewegung vermittelt. Erst auf den zweiten Blick wird der konventionelle Geist wahrnehmen, dass die junge Frau geht, dann wird er hinzufügen, dass sie schnell geht, und erst schlussendlich, dass sie über einen Marmorboden läuft.

Diese rein erklärende Vorgehensweise, die gänzlich frei von unvorhergesehenen Momenten ist, kommt allen Arabesken, Zickzacks und Umwegen des Gedankens zuvor und hat daher keine Daseinsberechtigung mehr. Man kann folglich einigermaßen sicher sein, dass man sich nicht irrt, wenn man das genaue Gegenteil tut.

Es steht außer Frage, dass man dem Substantiv, indem man Adjektiv und Adverb abschafft, seinen wesentlichen, totalen und typischen Wert zurückerstattet.

Im Übrigen habe ich absolutes Vertrauen in das Gefühl des Abscheus, das ich für das Substantiv hege, wenn es von einem Adjektiv wie von einer Schleppe oder einem Hündchen begleitet daherkommt. Bisweilen wird es von einem eleganten Adverb an der Leine gehalten. Bisweilen trägt das Substantiv ein Adjektiv vorne und ein Adverb hinten wie die Reklamezettel eines Sandwichmannes. All dies sind unwürdige Schauspiele.

6. – Aus diesem Grunde verwende ich abstrakte mathematische Zeichen, die dazu dienen, Quantitäten zu bezeichnen, die sich, ohne Füllwörter, jedweder Erklärung enthalten. Auch wird auf diese Weise die gefährliche Angewohnheit vermieden, durch das penible Feilen eines Ziselierers, eines Juweliers oder eines Schuhputzers am Satzende Zeit zu verlieren.

7. – Die von Interpunktion befreiten Wörter werden sich gegenseitig erhellen, sie werden ihre unterschiedlichen Magnetismen durchkreuzen, indem sie dem beständigen Dynamismus des Gedankens folgen. Eine mehr oder weniger lange Leerstelle wird dem Leser die Ruhepausen beziehungsweise den mehr oder weniger langen Schlaf der Intuition anzeigen. Großbuchstaben werden dem Leser diejenigen Substantive anzeigen, die eine besonders wichtige Analogie beinhalten.

8. – Die Zerstörung der traditionellen Satzperiode, die Abschaffung des Adjektivs, des Adverbs und der Zeichensetzung werden notwendigerweise zum Zusammenbruch einer übergroßen Harmonie des Stils führen, sodass der futuristische Dichter endlich die lautmalerischen Kakophonien benutzen wird können, welche die unzähligen Geräusche der sich bewegenden Materie reproduzieren.

All diese elastischen Intuitionen, mit denen ich mein *Technisches Manifest der Literatur* beschließe, haben sich nach und nach in meinem Gehirn entfaltet, während ich mein neues futuristisches Werk erschuf. Hier eines der bedeutsamsten Fragmente:

Bataille
Poids + Odeur

Midi ¾ flûtes glapissement embrasement toumb-toumb alarme Gargaresch craquement crépitation marche Cliquetis sacs fusils sabots clous canons crinières roues caissons juifs beignets pains-à-huile cantilènes échoppes bouffées chatoiement chassie puanteur canelle   fadeurs flux reflux poivre rixe vermine tourbillon orangers-en-fleur filigrane misère des échecs cartes jasmin + muscade + rose arabesque mosaïque charogne hérissement   savates mitrailleuses =galets + ressac + grenouilles Cliquetis sacs fusils canons ferraille atmosphère = plomp + lave + 300 puanteurs + 50 parfums pavé-matelas détritus crottin charognes flic-flac entassement chameaux bourricots tohubohu cloaque   Souk-des-argentiers dédale soie azur galabieh pourpre oranges mouferrailles tire-tire molesse : 3 frissons commandements-pierres rage ennemi-aimant légèreté gloire   héoïsme Avant-gardes: 100 mètres mitrailleuses fusillade éruption violons cuivre pim poum pac pac tim toum mitrailleuses tataratatatarata   Avant-gardes: 20 mètres bataillons fourmis cavalerie- araignées routes-gués géneral-îlot estafettes-sauterelles sables-révolution obus-tribuns nuages-grils fusils-martyrs shrapnels-auréoles multiplication addition division obus-soustraction grenade-rature ruisseler couleur éboulement blocs avalanche   Avant-gardes : 3 mètres mélange va-et-vient collage décollage déchirement feu décrainer chantiers éboulement carrières incendie panique aveuglement écraser entrer sortir courir   éclaboussement Vies fusées coeurs-friandises baïonettes-fourchettes mordre dépécer puer valser bondir rage curée expolosion obus-gymnastes fracas-trapèzes explosion rose joie ventres-arrosoirs têtes-football éparpillement   Canon 149 élephant artilleurs-cornacs hissa-hoo colère leviers lenteur lourdeur centre gargousse-jockey méthode monotonie trainers distance grand-prix gueule parabole x lumière tonnerre massue infini Mer = dentelles-émeraudes fraîcheur-élasticité-abandon mollesse cuirassés-acier concision ordre Drapeau-de-combat (prairies ciel-blanc-de-chaleur sang) = Italie force orgueil-italien frères femmes mère insommie brouhaha-de-camelots gloire domination cafés récits-de-guerre   Tours canons-virilité-volées érection télemètre extase toumntoumb 3 secondes toumbtoumb flots sourires rires plaff plouf glouglouglouglou cachecache cristeaux vierges chair bijoux perles iodes sels bromes jupons gaz liqueurs bulles 3 secondes   toumtoumb officier blancheur télémètre croix feu mégaphone la-hausse-à-4-mille-mètres tous-les-hommes à-gauche assez chacun-à-son-poste inclinaison-7-degrés érection splendeur jet percer immensité azur-femelle dé-

pucelage acharnement couloirs cris
labyrinthe matelas sanglots défoncement désert lit
précision télemètre monoplan poulailler-de-théâtre
applaudissement

monoplan = balcon-rose-roue-tambour trépan-
taon > déronte arabes boeufs sanguinolence abat-
toir blessures refuge oasis humidité éventail frai-
cheur sieste rampement germina-
tion effort dilatation-végetale je-serais-vert-demain
restons-mouillés conserve-cette-goutte-d'eau faut-
grimper-3-centimètres-en 6 jour colle-ta-tige-pour-
résister-contre-20-grammes-de-sable-et- 3000-
grammes-de-ténèbres voie-lactée cocotier étoiles
noix-de-coco lait ruisseler jus délices

Zerstörung der Syntax. Drahtlose Vorstellungskraft. Befreite Wörter.

11. Mai 1913

Das futuristische Wahrnehmungsvermögen

Mein »Technisches Manifest der futuristischen Literatur« (11. Mai 1912), in dem ich den *wesentlichen und synthetischen Lyrismus erfand, die drahtlose Vorstellungskraft und die befreiten Wörter* bezieht sich ausschließlich auf die dichterische Inspiration.

Die Philosophie, die exakten Wissenschaften, die Politik, der Journalismus, die Lehre, die Geschäftswelt sind zwar ebenfalls auf der Suche nach synthetischen Ausdrucksformen, müssen sich dabei allerdings noch immer der Syntax und der Zeichensetzung bedienen. So bin auch ich gezwungen, mich ihrer zu bedienen, um euch meine Konzepte darlegen zu können.

Der Futurismus beruht auf einer vollkommenen Erneuerung der menschlichen Wahrnehmungsweise, die eine Konsequenz großer wissenschaftlicher Errungenschaften ist. Wer heute Fernschreiber, Telefon, Grammophon, Eisenbahn, Fahrrad, Motorrad, Auto, Überseedampfer, Flugzeuge, Kino, die großen Tageszeitungen – diese Synthese eines Tages in der Welt – benutzt, der bedenkt gewöhnlich nicht, dass die unterschiedlichen Formen der Kommunikation, des Transportes und der Information einen entscheidenden Einfluss auf seine Psyche ausüben.

Ein gewöhnlicher Mensch kann sich an einem Tag mit dem Zug von einer kleinen toten Stadt der verlassenen Plätze, in der Sonne, Staub und Wind sich still vergnügen, in eine Metropole der Lichter, Gesten und Schreie transportieren lassen...Der Bewohner eines Alpendorfes kann jeden Tag gemeinsam mit den Aufständischen in China, den Suffragetten in London und in New York und mit Dr. Carell und den heldenhaften Schlitten der Polarforscher bangen. Der ängstliche und unflexible Bewohner irgendeines Provinzstädtchens kann am Rausch der Gefahr Anteil nehmen, wenn er im Kino eine Großwildjagd im Kongo verfolgt. Für einen Franken kann er im Varietétheater japanische Athleten, schwarze Boxer, amerikanische Exzentriker, elegante Pariserinnen bewundern. Zu Hause in seinem Bett kann er schließlich die ferne und kostspielige Stimme eines Caruso oder Burzio genießen.

Nur bei oberflächlichen Geistern, die vollkommen unfähig sind, eine veränderte Sachlage zu prüfen, erwecken diese technischen Errungenschaften keinerlei Neugierde. Dies gilt etwa für *die Araber, die gleichgültig zu den ersten Flugzeugen am Himmel von Tripolis aufsahen.* Für den aufmerksamen Zeitgenossen hingegen sind die technischen Errungenschaften Indikatoren einer neuen Wahrnehmungsweise, haben sie doch den folgenden Reichtum der Phänomene hervorgebracht:

1. – Beschleunigung des Lebens, das heute einem schnellen Rhythmus unterliegt. Physischer, intellektueller und gefühlsmäßiger Balanceakt auf dem gespannten Seil der Geschwindigkeit zwischen entgegengesetzten Magnetfeldern. Vielschichtige und simultane Bewusstseinslagen in ein und derselben Person.

2. – Abscheu vor dem Altbekannten. Liebe zum Neuen und Unvorhergesehenen.

3. – Abscheu vor dem stillen Dahinleben, Liebe zur Gefahr und Bereitschaft zum alltäglichen Heldentum.

4. – Zerstörung aller Jenseitsvorstellungen und gesteigerte Wertschätzung des Individuums, das *sein Leben leben will*, wie Bonnot es ausgedrückt hat.

5. – Vervielfältigung und Entgrenzung der menschlichen Ambitionen und Wünsche.

6. – Konkretes Bewusstsein dessen, was jeder von uns als unzugänglich und unrealisierbar in sich trägt.

7. – Fortschreitende Gleichberechtigung von Mann und Frau sowie Verringerung des Unterschiedes ihrer sozialen Rechte.

8. – Verachtung der Liebe (Sentimentalität und Unzucht) als Folge zunehmender Freiheit der erotischen Entfaltung der Frau sowie des allgemeinen Ansteigens weiblichen Luxus. Damit meine ich: Die Frau liebt heutzutage den Luxus mehr als die Liebe. Der Besuch eines erstrangigen Modesalons in Gesellschaft eines dicken, gichtigen, aber zahlenden Bankiers ist ihr vollkommener Ersatz für das leidenschaftlichste Tête-à-tête mit einem angebeteten jungen Mann. Die Frau entdeckt das Geheimnis der Liebe in der Wahl einer außergewöhnlichen Toilette, des allerletzten Schreis, den ihre Freundinnen noch nicht besitzen. Der Mann liebt eine Frau ohne Hang zum Luxus nicht. Der Liebhaber hat sein gesamtes Prestige verloren, die Liebe ihren absoluten Wert. Es handelt sich um einen komplizierten Fragenkomplex, den ich hier nur kurz anzuschneiden vermag.

9. – Neubestimmung des Patriotismus, der heutzutage zu einer heldenhaften Idealisierung der wirtschaftlichen, industriellen und künstlerischen Solidarität eines Volkes verkommen ist.

10. – Neubestimmung des Begriffs des Krieges, der zum blutigen und notwendigen Test der Kraft eines Volkes geworden ist.

11. – Leidenschaft, Kunst, Idealismus des Geschäftslebens. Erneuerte finanzielle Wahrnehmungsweise.

12. – Der von der Maschine vervielfältigte Mensch. Erneuerter mechanischer Sinn, Verschmelzung des Instinkts mit der Motorleistung und den gezähmten Kräften.

13. – Leidenschaft, Kunst und Idealismus des Sports. Begriff des »Rekords« und Liebe zu ihm.

14. – Erneuerte Wahrnehmung des Reisens, der Transatlantikdampfer und der großen Hotels (der jährlichen Synthese unterschiedlicher Rassen). Begeisterung für die Stadt. Überwindung der Entfernungen und der nostalgischen Einsamkeiten. Verspottung der *himmlischen grünen Ruhe* und der unantastbaren Landschaft.

15. – Die durch Geschwindigkeit zusammengeschrumpfte Erde. Erneuerte Wahrnehmung der Welt. Damit meine ich: Die Menschen haben im Laufe der Zeit ein Gefühl für ihre Häuser, das Stadtviertel, in dem sie wohnen, die Stadt, die Umgebung und den Kontinent entwickelt. Heute verfügen sie über ein Gefühl für die Welt; sie müssen nicht mehr wissen, was ihre Vorfahren taten, aber sie müssen wissen, was ihre Zeitgenossen in allen Teilen der Welt treiben. Daraus ergibt sich für jeden Einzelnen die Notwendigkeit, mit allen anderen Völkern auf der Welt

in Kommunikation zu treten. Jeder muss sich als Mittelpunkt fühlen, Richter und Motor der erforschten und unerforschten Unendlichkeit. Potenzierung des menschlichen Gefühls und dringende Notwendigkeit, in jedem Augenblick unsere Beziehungen zur gesamten Menschheit zu bestimmen.

16. – Ekel vor der gekrümmten Linie, der Spirale und dem *Tourniquet.* Liebe zur Geraden und zum Tunnel. Gewöhnung an verkürzte Ansichten und visuelle Synthesen, die durch die Geschwindigkeit von Zügen und Autos erzeugt werden, die sich Städte und Landschaften von oben besehen. Liebe zur Geschwindigkeit, zur Verkürzung und Zusammenfassung: »Erzähle mir alles, schnell, *in zwei Worten!*«

17. – Liebe zur Tiefe und zum Wesentlichen in allen geistigen Tätigkeiten. Dies sind die Elemente der neuen futuristischen Wahrnehmungsweise, die unseren bildnerischen Dynamismus, unsere anti-anmutige Musik ohne rhythmische Quadratur, unsere Geräuschkunst und unsere befreiten Wörter hervorgebracht haben.

Die befreiten Wörter

Ich lasse jetzt einmal all die stupiden Definitionen und verworrenen Verbrämungen der Professoren beiseite und erkläre euch, dass der *Lyrismus* die äußerst seltene *Fähigkeit* ist, *sich am Leben und an sich selbst zu berauschen.* Die Fähigkeit, das trübe Wasser des Lebens, das uns umgibt und durch uns hindurchfließt, in Wein zu verwandeln. Die Fähigkeit, die Welt mit den ganz besonderen Farben unseres veränderbaren Ichs zu färben.

Stellt euch also vor, ein Freund, dem lyrische Talente zueigen sind, befindet sich gerade in einer intensiven Lebensphase (Revolution, Krieg, Schiffbruch, Erdbeben usw.). Nun kommt er zu euch, um euch von seinen Eindrücken zu berichten. Wisst ihr, was euer lyrisch ergriffener Freund instinktiv tun wird? …

Er wird beim Sprechen die Syntax brutal zerstören. Er wird keine Zeit mit dem Bau von Sätzen verlieren. Er wird sich weder um Interpunktion noch um Adjektivierung scheren. Er wird sich nicht darum kümmern, seine Rede auszufeilen und zu nuancieren, und euch stattdessen atemlos seine Sinneseindrücke ins Nervensystem werfen, und zwar so, wie sie sich ihm gerade aufdrängen. Das Ungestüm seiner Dampf-Gefühle wird das Satzgefüge hinfällig werden lassen, die Ventile der Interpunktion und die Bolzen der Adjektivierung. Schläge wesentlicher Wörter ohne konventionelle Ordnung. Die einzige Sorge des Erzählers: alle Vibrationen des Ichs wiederzugeben.

Sollte der Geist dieses lyrischen Erzählers darüber hinaus auch noch von allgemeinen Ideen bevölkert sein, so wird er, durchaus unwillentlich, alles daransetzen, seine Empfindungen mit dem gesamten, ihm unbekannten oder von ihm nur erahnten Universum zu verbinden. Um den genauen Wert und die Proportionen des Lebens, an dem er teilgenommen hat, wiederzugeben, wird er riesige Netze der Analogien über die Welt auswerfen. So wird er auf telegrafische Weise den aus Analogien bestehenden Grund des Lebens wiedergeben und zwar mit derselben rationalen Schnelligkeit, welche die Fernschreiber den Reportern und Kriegsberichterstattern für ihre oberflächlichen Erzählungen auferlegen. Dieses Bedürfnis nach Lakonie gehorcht nicht nur den Gesetzen der Geschwindigkeit, die uns regieren, sondern auch den vielhundertjährigen Beziehungen zwischen Dichter und Publikum. Denn im Grunde bestehen zwischen dem Publikum und dem Dichter dieselben Beziehungen, die zwischen zwei alten Freunden bestehen, die sich mithilfe eines hingeworfenen Wortes, einer Gebärde oder eines Blickes verständigen. Die Phantasie des Dichters muss deshalb noch die entferntesten Dinge ohne *Leitfäden*, mithilfe der wesentlichen *befreiten Wörter* verbinden.

Tod des freien Verses

Der freie Vers ist, nachdem seine tausend Daseinsberechtigungen ausgeschöpft sind, dazu bestimmt, von den befreiten Wörtern ersetzt zu werden.

Die Entwicklung der Poesie und des menschlichen Wahrnehmungsvermögens haben uns die beiden unheilbaren Mängel des freien Verses deutlich gemacht:

1. – Der freie Vers verleitet den Dichter notwendigerweise zu klanglicher Effekthascherei, vorhersehbaren Verzerrungen, monotonen Kadenzen, absurdem Glockengeläut und der unvermeidbaren Antwort innerer und äußerer Echos.

2. – Der freie Vers kanalisiert auf künstliche Weise den Strom der lyrischen Gefühle zwischen den Mauern der Syntax und den Schleusen der Grammatik. Die freie, intuitive Inspiration, die direkt an die Intuition des idealen Lesers appelliert, erfährt sich auf diese Weise wie in einem Kerker, wie Trinkwasser, das ausgegeben wird, um den Durst störrischer Kleingeister zu stillen.

Wenn ich davon spreche, die Kanäle der Syntax zu zerstören, so meine ich das weder kategorisch noch systematisch. Inmitten der befreiten Wörter meines entfesselten Lyrismus finden sich hier und da noch Spuren regelmäßiger Syntax und sogar vollkommen logische Sätze. Diese Ungleichzeitigkeit von Bündigkeit und Freiheit ist unvermeidbar und liegt in der Natur der Sache begründet. Die Dichtung ist in Wirklichkeit nichts anderes als höheres Leben, geballter und intensiver als das, was wir täglich leben – und wie jenes aus allerlebendigsten und sterblichen Elementen zusammengesetzt.

Um Letztere braucht man kein allzu großes Aufheben zu machen. Auf jeden Fall müssen jedoch Rhetorik und telegrafisch ausgedrückte Gemeinplätze vermieden werden.

Drahtlose Vorstellungskraft

Unter drahtloser Vorstellungskraft verstehe ich die absolute Freiheit der Bilder oder Analogien, die durch unverbundene Wörter, ohne syntaktischen Leitfaden und ohne jedwede Zeichensetzung ausgedrückt wird.

> »Die Schriftsteller haben sich bisher mit unmittelbar einsichtigen Analogien begnügt. Sie haben zum Beispiel Mensch und Tier verglichen, was im Grunde eine mehr oder weniger fotografische Vorgehensweise ist. Sie haben zum Beispiel einen Foxterrier und einen winzigen reinrassigen Hund miteinander verglichen. Fortschrittlichere Geister könnten denselben zitternden Foxterrier mit einem kleinen Morseapparat vergleichen. Ich vergleiche ihn hingegen mit kochendem Wasser. Es liegt in alldem eine immer großzügigere Abstufung der Analogien, die Beziehungen werden, auch wenn sie immer ferner rücken, zugleich tiefer und fester. Analogien sind nichts anderes als die tiefe Liebe, die noch die entferntesten, scheinbar unterschiedlichsten und feindlichsten Gegen-

stände miteinander verbindet. Einzig durch großzügige Analogien kann ein orchestraler Stil, der sich zugleich durch Vielfarbigkeit, Vielstimmigkeit und Vielgestaltigkeit auszeichnet, das Leben der Materie erfassen. Als ich in meiner *Schlacht um Tripolis* einen von Bajonetten gezackten Schützengraben mit einem Orchester verglichen habe, ein Maschinengewehr mit einer Femme fatale, habe ich intuitiv einen großen Teil des Universums in einer kleinen afrikanischen Episode ausgedrückt. Die Bilder sind keine Blumen, die man aussucht und mit Sparsamkeit pflückt, wie Voltaire sagte. Sie sind das Blut der Poesie. Die Poesie muss eine unablässige Abfolge von neuen Bildern sein, sonst wird sie blutarm und bleichsüchtig. Je mehr großzügige Beziehungen die Bilder enthalten, umso länger erhalten sie ihre Kraft des Erstaunens. Es heißt, man solle die Betroffenheit des Lesers schonen. Ach was! Kümmern wir uns lieber um die verhängnisvollen Abnutzungserscheinungen der Zeit, die nicht nur die Ausdruckskraft eines Kunstwerks zerstört, sondern auch seine Kraft, Erstaunen hervorzurufen.« (*Manifest der futuristischen Literatur*)

Die drahtlose Vorstellungskraft und die befreiten Wörter werden uns in das Wesen der Materie einführen. Indem wir neue Analogien zwischen weit entfernten und scheinbar einander entgegengesetzten

Gegenständen entdecken, können wir sie in ihrem Innersten immer besser begreifen. Statt Tiere, Pflanzen, Minerale (überkommenes System) zu *vermenschlichen*, werden wir den Stil *tierisch, pflanzlich, mineralisch, elektrisch oder flüssig machen* und ihn auf diese Weise am Leben teilhaben lassen. Um etwa das Leben eines Grashalmes wiederzugeben, sage ich: »*Ich werde morgen grüner sein.*« Mit den befreiten Wörtern erreichen wir: VERDICHTETE METAPHERN – TELEGRAFISCHE BILDER – SUMME DER VIBRATIONEN – KNOTEN DES GEDANKENS – GEÖFFNETE ODER GESCHLOSSENE BEWEGUNGSFÄCHER – ANALOGIEVERKÜRZUNGEN – FARBBILANZEN – DIMENSIONEN, GEWICHTE, MASSE UND DIE GESCHWINDIGKEIT DER EMPFINDUNGEN – DEN SPRUNG DES WESENTLICHEN WORTES IN DAS WASSER DER WAHRNEHMUNG OHNE DIE KONZENTRISCHEN KREISE, DIE DAS WORT HERVORRUFT – RUHEPAUSEN DER INTUITION – BEWEGUNGEN IM ZWEI-, DREI-, VIERTEL- UND FÜNFTELTAKT – ANALYTISCH ERKLÄRENDE MASTEN, DIE DAS BÜNDEL DER INTUITIONSDRÄHTE ZUSAMMENHALTEN.

Tod des literarischen Ichs – Materie und molekulares Leben

Mein technisches Manifest bekämpfte die Besessenheit des *Ichs*, das die Dichter bis heute beschrieben, besungen, analysiert und ausgekotzt haben. Um dieses obsessive *Ich* wieder loszuwerden, muss man die Gewohnheit aufgeben, die Natur zu vermenschlichen, indem man Pflanzen, Wassern, Steinen und Wolken Leidenschaften und Sorgen zuschreibt. Im Gegenteil muss man das unendlich Kleine, das sie umgibt, ausdrücken, das Unwahrnehmbare, Unsichtbare, den Aufruhr der Atome, die Brown'sche Bewegung, alle leidenschaftlichen Hypothesen und alle erforschten Bereiche der Ultra-Mikroskopie. Damit meine ich: Nicht bereits als wissenschaftliches Dokument, sondern als intuitives Element will ich das unendliche Leben der Moleküle in die Dichtung einführen, das sich im Kunstwerk mit den Schauspielen und Dramen des unendlich Großen vermischen muss, stellt diese Verschmelzung doch die vollständige Synthese des Lebens dar.

Um der Intuition meines idealen Lesers irgendwie auf die Sprünge zu helfen, benutze ich den *Kursivdruck* für alle befreiten Wörter, die das unendlich Kleine und das Leben der Moleküle ausdrücken.

Adjektiv-Ampel – Adjektiv-Fanal oder Adjektiv-Atmosphäre

Wo immer dies möglich ist, versuchen wir, das attributive Adjektiv zu unterdrücken, da es der Intuition Einhalt gebietet und das Substantiv allzu genau definiert. All dies ist nicht kategorisch gemeint. Es handelt sich um eine Tendenz. Notwendig ist nur, sich des Adjektivs so wenig wie möglich zu bedienen und wenn, dann in vollkommen anderer Weise, als es bis heute üblich ist. Man muss die Adjektive wie Eisenbahnsignale oder Ampeln des Stils auffassen, die dazu dienen, den Schwung, die Verringerung der Geschwindigkeit und das Anhalten der Fahrt, der Analogien, zu regulieren. Auf diese Weise kann man auch 20 von diesen Ampel-Adjektiven verwenden.

Ampel-Adjektive, Fanal-Adjektive oder Atmosphäre-Adjektive nenne ich vom Substantiv getrennte Adjektive, die in einer Klammer isoliert und so zu einer Art absolutem Substantiv werden, weitgreifender und mächtiger als das eigentliche Gesagte.

Das Ampel- und das Fanal-Adjektiv, die hoch im Glaskäfig der Klammer aufgehängt sind, werfen um sich herum weite Lichtkreise.

Das Profil dieses Adjektivs verliert seine scharfen Umrisse, es erweitert sich, es erleuchtet sich, während es eine ganze Landschaft von befreiten Wörtern eröffnet. Wenn ich etwa durch die Anhäufung von befreiten Wörtern eine Seereise beschreibe, so setze ich folgende Ampel-Adjektive in Klammern: (ruhig azurblau methodisch gewohnheitsmäßig) und damit ist nicht nur das Meer *ruhig azurblau methodisch gewohnheitsmäßig*, sondern auch das Schiff, seine Maschinen, die Passagiere sowie das, was ich tue, einschließlich meines eigenen Geistes, sind *ruhig azurblau methodisch gewohnheitsmäßig*.

Verb im Infinitiv

Auch in diesem Falle sind meine Erklärungen keineswegs kategorisch gemeint. Ich behaupte jedoch, dass in einem gewaltsamen und dynamischen Lyrismus das Verb im Infinitiv unerlässlich sein wird, denn, rund wie ein Rad, kann es wie ein Rad an allen Waggons des Analogiezuges angebracht werden und auf diese Weise die Geschwindigkeit des Stils bestimmen.

Das Verb im Infinitiv negiert für sich selbst die Existenz der Satzperiode und verhindert, dass der Stil an einem bestimmten Punkt stecken bleibt und nicht weiterkommt. Während das VERB IM INFINITIV RUND ist und wie ein Rad gleitet, sind die anderen Aussage- und Zeitformen des Verbs dreieckig, quadratisch oder oval.

Lautmalerei und mathematische Zeichen

Als ich einmal äußerte, dass man »täglich auf den *Altar der Kunst* spucken sollte«, forderte ich damit die Futuristen auf, den Lyrismus aus der feierlichen, zerknirschten, von Weihrauch erfüllten Atmosphäre zu befreien, die man Kunst zu nennen pflegt. Diese hehre Kunst ist der Klerikalismus des schöpferischen Geistes. Ich forderte die Futuristen deshalb auf, die Girlanden, Palmen, Heiligenscheine, wertvollen Rahmen, Stolen und Gewänder, das ganze historische Zeug und den romantischen Krimskrams, der bis heute einen Großteil der Dichtung ausmacht, zu verspotten und zu zerstören. Ich setzte all dem einen raschen Lyrismus entgegen, brutal und unmittelbar, einen Lyrismus, der unseren Vorgängern als unpoetisch erscheinen muss, einen telegrafischen Lyrismus, der nicht nach Buch schmecken soll, sondern nach Leben. Daraus ergibt sich die mutige Einführung von lautmalerischen Akkorden, um noch die kakofonischsten Töne und Geräusche des modernen Lebens wiederzugeben.

Die Lautmalerei, die dazu dient, den Lyrismus durch rohe und brutale Wirklichkeitselemente zu verlebendigen, ist in der Dichtung (von Aristophanes bis Pascoli) mehr oder weniger zaghaft verwendet worden. Wir Futuristen sind die Ersten, die einen steten und kühnen Gebrauch von ihr machen. Allerdings darf dies nicht systematisch geschehen. So verlangten etwa meine Werke *Adrianopolis Belagerung* –

Orchester und *Schlacht Gewicht Geruch* + viele lautmalerische Akkorde. Um die größtmögliche Anzahl von Vibrationen und die tiefste Lebenssynthese zu erreichen, schaffen wir alle stilistischen Bindungen ab, ihre glänzenden Schnallen, mit denen die traditionellen Dichter die Bilder im Satzgefüge verankern. Wir hingegen bevorzugen kurze oder anonyme mathematische und musikalische Zeichen und setzen in Klammern Indikationen wie (schnell) (schneller) (langsamer) (zwei Sätze), um die Geschwindigkeit des Stils zu regulieren. Diese Klammern können auch ein Wort oder einen klangmalerischen Akkord zerschneiden.

Revolution des Buchdrucks

Ich beginne eine Revolution des Buchdrucks, die sich gegen die bestialische und Ekel erregende Idee des rückständigen Gedichtbuches im Stile D'Annunzios richtet: handgeschöpftes Papier aus dem 17. Jahrhundert, das mit Schiffchen, Minerva und Apollon, roten und grauen Initialen, Gemüse, mythologischen Lesebändchen im Stile von Gebetsbüchern, römischen Epigrafen und Zahlen verziert ist. Das Buch muss futuristischer Ausdruck unseres futuristischen Gedankens sein. Und nicht nur. Meine Revolution richtet sich auch gegen die sogenannte typografische Harmonie der Seite, die der Flut und der Ebbe, den Sprüngen und Explosionen des Stils, der eine Seite durchläuft, widerspricht. Wir werden deshalb auf ein und derselben Seite *drei oder vier verschiedene Druckfarben* verwenden, sowie 20 verschiedene Schrifttypen, wenn dies notwendig sein sollte. Beispiel: *Kursivdruck* für eine Reihe von ähnlichen oder raschen Empfindungen, *Fettdruck* für heftige Lautmalereien. Mit dieser Revolution des Druckes und der bunten Vielfalt der Schrifttypen nehme ich mir vor, die Ausdruckskraft der Wörter zu verdoppeln.

Ich bekämpfe die dekorative und preziöse Ästhetik Mallarmés und dessen Experimente mit dem seltenen Wort, dem einzigen, unersetzbaren, suggestiven und erlesenen Adjektiv. Ich will eine Idee oder Empfindung nicht durch rückständige Anmut oder Geziertheit auslösen, sondern sie brutal anpacken und dem Leser entgegenschleudern.

Mit dieser Revolution des Buchdruckes, die es mir gestattet, den Wörtern (die bereits frei, dynamisch und wie Torpedos sind) alle Geschwindigkeiten einzuprägen, diejenigen der Gestirne, der Wolken, der Flugzeuge, der Züge, der Wellen, der Sprengstoffe, der Teilchen des Meeresschaums, der Moleküle und der Atome, bekämpfe ich außerdem das statische Ideal Mallarmés.

Auf diese Weise verwirkliche ich den 4. Punkt des Gründungsmanifestes des Futurismus (20. Februar 1909): »Wir erklären, dass sich die Herrlichkeit der Welt um eine neue Schönheit bereichert hat: die Schönheit der Geschwindigkeit.«

Vielliniger Lyrismus

Darüber hinaus habe ich mir den einen Lyrismus der vielen Linien ausgedacht, durch den es mir gelingt, jene lyrische Simultaneität zu erreichen, die auch den futuristischen Malern zu eigen ist, und durch den ich – davon bin ich fest überzeugt – die komplizierteste lyrische Simultaneität erreichen kann.

Der Dichter schleudert unterschiedliche Ketten von Farben, Klängen, Geräuschen, Gewichten, Tiefen, Analogien auf parallele Linien. Eine dieser Linien kann etwa duftend sein, eine andere musikalisch, die nächste malerisch.

Nehmen wir nun an, dass die Kette der malerischen Empfindungen und Analogien andere Empfindungs- und Analogieketten beherrscht: In diesem Falle wird sie in fetteren Lettern gedruckt werden als diejenigen in der zweiten und dritten Linie (von denen die eine etwa die Kette der musikalischen, die andere die Kette der Geruchsempfindungen und -analogien enthält).

Wo eine einzige Seite mehrere Empfindungs- und Analogiebündel enthält, von denen jedes aus drei oder vier Linien besteht, da wird die Kette der malerischen Empfindungen und Analogien (fettgedruckt) die erste Linie des ersten Bündels bilden und sich (in derselben Schrifttype) immer in der ersten Linie jedes weiteren Bündels fortsetzen.

Die Kette der musikalischen Empfindungen und Analogien (2. Linie), die weniger wichtig ist als diejenige der malerischen Empfindungen und Analogien (1. Linie), aber wichtiger als die der Geruchsempfindungen und -analogien (3. Linie), wird weniger fett als die erste und fetter als die dritte Linie gedruckt werden.

Freie ausdrucksvolle Orthografie

Die verschiedenen Revolutionen, welche die lyrische Kraft der Menschheit nach und nach von ihren Fesseln und Regeln befreit haben, belegen die historische Notwendigkeit einer freien und ausdrucksvollen Orthografie.

1. – In der Tat haben die Dichter ihre lyrische Trunkenheit zunächst in einer Reihe von gleichmäßigen Atemzügen mit Akzenten, Echos, Glockenschlägen oder Reimen mit vorhersehbarer Abfolge eingedämmt. (TRADITIONELLE METRIK). Später haben sie dann mit einer gewissen Freiheit diese gemessenen Lungenzüge ihrer Vorgänger erweitert.

2. – Die Dichter haben erkannt, dass die verschiedenen Momente ihres lyrischen Rausches adäquate Atemzüge von unterschiedlichen und nicht vorhersehbaren Längen schaffen mussten, und zwar bei völliger Freiheit der Akzentuierung. Auf diese Weise gelangten sie zum FREIEN VERS und behielten doch gleichzeitig die syntaktische Ordnung bei, so

dass die lyrische Trunkenheit durch den logischen Kanal der Syntax in den Geist des Zuhörers fließen konnte.

3. – Heute wollen wir nicht länger hinnehmen, dass der lyrische Rausch die Wörter syntaktisch anordnet, ehe er sie mit den von uns erfundenen Atemzügen nach draußen schleudert; auf diese Weise gelangen wir zu den BEFREITEN WÖRTERN. Im Übrigen muss unsere lyrische Trunkenheit die Wörter frei deformieren, umwandeln, indem sie sie abschneidet, verlängert, an der Wortmitte oder den Enden verstärkt, die Zahl der Vokale und der Konsonanten vergrößert oder verkleinert. Auf diese Weise werden wir zu einer *neuen Orthografie* gelangen, die ich *frei und ausdrucksvoll* nenne. Diese instinktive Deformation der Wörter entspricht unserer natürlichen Anlage zur Lautmalerei. Dabei tut es nichts zur Sache, wenn das deformierte Wort zweideutig ist. Es wird sich mit den lautmalerischen Akkorden oder Geräuschbündeln vermählen und auf diese Weise zum *lautmalerischen psychischen Akkord* gelangen, dem klanglichen, jedoch abstrakten Ausdruck eines Gefühls oder reinen Gedankens. Man hält mir vor, dass meine BEFREITEN WÖRTER und meine drahtlose Vorstellungskraft besonderer Rezitatoren bedürfen, da sie sonst nicht begriffen werden können. Wenngleich mir keineswegs daran gelegen ist, von vielen Menschen verstanden zu werden, antworte ich, dass die Anzahl der futuristischen Rezitatoren wachsen

wird und dass im Übrigen auch jedes traditionelle Gedicht, um Gefallen zu erregen, eines geschulten Rezitators bedarf.

Das Varietétheater

21. November 1913

Das zeitgenössische Theater widert uns an (Verse, Prosa, Musik), denn es schwankt auf einfältige Weise zwischen der historischen Rekonstruktion (Sammelsurium oder Plagiat) und einer fotografischen Wiedergabe unseres Alltagslebens; es ist ein pedantisches, langsames, analytisches und verwässertes Theater, das bestenfalls in das Zeitalter der Petroleumlampen gepasst hätte.

DER FUTURISMUS VERHERRLICHT DAS VARIETETHEATER, DENN:

1. Das Varietétheater, das gemeinsam mit uns aus der Elektrizität heraus entstanden ist, hat zum Glück weder Tradition noch Meister oder Dogmen und speist sich aus dem aktuellen Geschehen.

2. Das Varietétheater ist absolut praktisch orientiert, denn es hat es sich zur Aufgabe gemacht, das Publikum durch komische Effekte, erotische Reize und imaginatives Staunen zu zerstreuen und zu unterhalten.

3. Die Autoren, Schauspieler und Techniker des Varietés haben eine einzige Daseinsberechtigung und Erfolgschance: diejenige, ständig neue Möglichkeiten des Staunens zu ersinnen. Daraus ergibt sich die absolute Unmöglichkeit der Stagnation und der Wiederholung. Die Folge ist ein verbissener Wettstreit der Gehirne und Muskeln, um die Rekorde an Geschicklichkeit, Schnelligkeit, Kraft, Komplikation und Eleganz jeweils zu überbieten.

4. Das Varietétheater ist heute die einzige Theaterform, die sich die Kinematografie zunutze macht und durch sie das Bühnengeschehen um eine große Zahl ansonsten nicht realisierbarer Darstellungen (Schlachten, Aufruhr, Rennen, Autorennen und Wettfliegen, Reisen, Überseedampfer, Tiefendimension der Stadt, des Landes, der Ozeane und der Himmel) bereichert.

5. Das Varietétheater ist ein ideales Schaufenster für unzählige innovative Experimente und führt so auf natürlichste Weise zu dem, was ich das *futuristische Wunderbare* nenne, das Produkt moderner Technik. Dies sind einige der Elemente dieses *Wunderbaren*: 1. beißende Karikaturen; 2. Abgründe des Lächerlichen; 3. kaum merkbare, köstliche Ironie; 4. einschmeichelnde, endgültige Symbole; 5. Wasserfälle unbezähmbarer Heiterkeit; 6. profunde Analogie zwischen der Welt der Menschen, der Tiere, der Pflanzen und der Mechanik; 7. aufblitzender Zynis-

mus; 8. Geflecht aus geistreichen Aussprüchen, Wortspielen und Rätseln, die dazu dienen, auf angenehme Weise die Intelligenz zu durchlüften; 9. die gesamte Tonleiter des Lachens und des Lächelns zur Entspannung der Nerven; 10. die ganze Skala der Dummheit, des Schwachsinns, des Unsinns und des Absurden, welche die Intelligenz rücksichtslos bis an die Grenzen des Wahnsinns stößt; 11. all die neuen Bedeutungen des Lichts, des Tons, der Geräusche und des Wortes, die sich geheimnisvoll und unerklärlich in die unerforschtesten Teile unseres Empfindungsvermögens verlängern; 12. eine Reihe von Ereignissen, die rasch abgefertigt werden, und von Persönlichkeiten, die innerhalb von zwei Minuten von rechts nach links über die Bühne geschoben werden (»und nun werfen wir mal einen Blick auf den Balkan«: König Nicola, Enver Pascha, Danev, Venizelos, Schläge in die Magengrube und Ohrfeigen zwischen Serben und Bulgaren, ein Couplet und alles ist wie fortgeblasen); 13. lehrreiche satirische Pantomimen; 14. Karikaturen des Schmerzes und der Sehnsucht, die sich durch entnervende Gesten spasmodischer, zögerlicher und müder Langsamkeit besonders tief einprägen; erste Worte, die durch komische Gesten ins Lächerliche gezogen werden, entstellte Worte, seltsame Verkleidungen, Grimassen und Narrenstreiche.

6. Das Varietétheater ist heute ein Schmelztiegel, in dem sich alle Elemente einer neuen, erst im Entstehen begriffenen Wahrnehmungsfähigkeit vorbereiten.

Hier werden alle Prototypen, die durch das Schöne, Große, Feierliche, Religiöse, Grausame, Verführerische und Ungeheuerliche verdorben wurden, auseinandergenommen. Zugleich ist es der Ort neuer abstrakter Prototypen, die ihre Nachfolge antreten werden.

Das Varietétheater ist deshalb die Synthese all dessen, was die Menschheit bisher aus ihrem Nervensystem herauskristallisiert hat, um den materiellen und moralischen Schmerz lächerlich zu machen. Es ist darüber hinaus der Siedekessel allen Lachens, Lächelns und Hohngelächters, aller Verrenkungen und Grimassen der künftigen Menschheit. Man kann hier die Fröhlichkeit genießen, welche die Menschen noch in hundert Jahren mitreißen wird, ihre Poesie, ihre Malerei, ihre Philosophie und die Sprünge ihrer Architektur.

7. Das Varietétheater bietet aufgrund seines Dynamismus von Farbe und Form (simultaner Auftritt von Jongleuren, Tänzern, Turnern, Reitern in bunten Kostümen, spiralförmigen Zyklonen von Tänzern, die auf einem Bein hüpfen) das hygienischste aller Schauspiele. Mit seinen raschen und mitreißenden Tanzrhythmen reißt das Varietétheater noch die abgestumpftesten Gemüter aus ihrer Trägheit und zwingt sie, zu rennen und zu springen.

8. Das Varietétheater ist das einzige Theater, das die Zuschauer einbezieht. Diese bleiben nicht unbeteiligt wie dumme Voyeure, sondern nehmen geräuschvoll an dem Spektakel teil, indem sie mitsingen, das Orchester begleiten und durch bizarre improvisierte Dialoge den Kontakt zu den Schauspielern herstellen, während diese spaßeshalber mit den Musikern polemisieren.

Das Varietétheater macht sich auch den Rauch der Zigaretten und Zigarren zunutze, um die Atmosphären im Publikum und auf der Bühne zu verschmelzen. Und da die Zuschauer auf diese Weise mit der Phantasie der Schauspieler zusammenarbeiten, spielt sich die Handlung gleichzeitig auf der Bühne, in den Logen und im Parkett ab. Sie setzt sich sogar noch über das Ende der Vorstellung hinaus fort, und zwar zwischen den Bataillonen von Bewunderern, überzuckerten Smokings, die sich am Ausgang zusammendrängen, um über den Star zu diskutieren; doppelter finaler Sieg: ein *schickes* Essen und eine Bettgeschichte.

9. Das Varietétheater ist für den Mann eine lehrreiche Schule der Aufrichtigkeit, denn es verherrlicht seinen Raubtierinstinkt, der Frau reißt er alle Hüllen, Phrasen, Seufzer und romantischen Schluchzer vom Leibe, die sie deformieren und verkleiden. Es lässt stattdessen die bewundernswerten animalischen Qualitäten der Frau zum Vorschein treten, ihren Jagdinstinkt, ihre Verführungskraft, ihre Perfidie und ihre Abwehr.

10. Das Varietétheater ist eine Schule des Heldentums. Hindernisse müssen überwunden und gewisse Geschwindigkeitsrekorde erreicht werden, die auf der Bühne die starke und gesunde Atmosphäre der Gefahr evozieren (Beispiele: Salti mortali, *Looping the loop* mit dem Fahrrad, dem Auto und zu Pferd).

11. Das Varietétheater ist durch seine Clowns, Taschenspieler, Gedankenleser, Rechenkünstler, Komiker, Imitatoren und Parodisten, seine Musik-Jongleure und seine exzentrischen Amerikanerinnen, deren phantastische Schwangerschaften unglaubliche Dinge und Mechanismen gebären, eine Schule der Ausgeklügeltheit, der Komplikation und der geistigen Synthese.

12. Das Varietétheater ist die einzige Schule, die man Jugendlichen und begabten jungen Männern empfehlen kann, da es auf eindringliche und rasche Weise die verzwicktesten Probleme und die kompliziertesten politischen Ereignisse erklärt. Beispiel: Vor einem Jahr haben zwei Tänzer des Folies-Bergère die ausufernden Diskussionen von Cambon und Kiderlen-Waechter über die Marokko- und Kongofrage durch einen symbolisch-bedeutungsvollen Tanz dargestellt, der ein mindestens dreijähriges Studium der Außenpolitik ersetzte. Dem Publikum zugewandt machten die beiden Tänzer sich, mit verschränkten Armen eng nebeneinanderstehend, gegenseitig Gebietszugeständnisse. Dabei sprangen sie, ohne ihr Ziel aus den Augen zu verlieren, nämlich gegenseitig sich zu überlisten, unermüdlich vor und zurück, nach rechts und nach links. Sie vermittelten den Eindruck größter Höflichkeit, einer unübertrefflichen diplomatischen Mischung aus Grausamkeit, Misstrauen, Hartnäckigkeit und Pingeligkeit.

Außerdem erhellt das Varietétheater die herrschenden Gesetze des Lebens:

a) die Notwendigkeiten von Komplikationen und eines unterschiedlichen Rhythmus
b) Fatalität der Lüge und des Widerspruchs (Beispiel: englische Tänzerinnen mit doppeltem Gesicht; Hirtenmädchen und Furcht erregender Soldat).
c) Allmacht eines methodischen Willens, der die menschlichen Kräfte modifiziert;
d) Synthese aus Geschwindigkeit + Transformationen (Beispiel: Fregoli).

13. Das Varietétheater hat sich der systematischen Verachtung der idealen Liebe und ihrer romantischen Obsessionen verschrieben, die, bis zum Überdruss und mit der Monotonie und den Automatismen täglicher Routine, die sehnsüchtigen Schwärmereien der Leidenschaft wiederholen. Es mechanisiert auf bizarre Weise das Gefühl, macht die Zwangsvorstellung vom fleischlichen Besitz verächtlich und gibt ihr einen hygienischen Fußtritt, erniedrigt die Wollust zu einer natürlichen Funktion des Koitus, beraubt sie jedes Geheimnisses, jeder deprimierenden Furcht und jedes anti-hygienischen Idealismus.

Das Varietétheater vermittelt stattdessen die Freude und das Vergnügen an leichten, unkomplizierten, ironischen Liebschaften. Die Kabarettvorstellungen im Freien bieten eine höchst amüsante Schlacht zwischen dem spasmodischen, zerquälten Mondschein und dem elektrischen Licht, das heftig an dem falschen Schmuck, dem geschminkten Fleisch, den bunten Röckchen, dem Samt, dem Flitter und dem falschen Lippenrot abprallt. Natürlich triumphiert das elektrische Licht, und der weiche, dekadente Mondschein trägt die Niederlage davon.

14. Das Varietétheater ist von Natur aus antiakademisch, primitiv und naiv, und deshalb liegt seine eigentliche Bedeutung in der Unvorhersehbarkeit seiner Experimente und der Einfachheit seiner Mittel (Beispiel: der systematische Gang um die Bühne, den die Soubretten am Ende jedes Couplets wie wilde Tiere im Käfig vollziehen).

15. Das Varietétheater zerstört das Feierliche, das Heilige, das Ernste und das Erhabene in der Kunst. Es trägt zur futuristischen Zerstörung der unsterblichen Meisterwerke bei, weil es sie plagiiert und parodiert und sie spielerisch, ohne sie oder sich selbst zu hinterfragen, wie eine x-beliebige *Attraktion* präsentiert. So billigen wir ohne Wenn und Aber die Aufführung des *Parsifal* in 40 Minuten, wie sie gerade in einem großen Varietétheater in London geprobt wird.

16. Das Varietétheater zerstört alle unsere Vorstellungen von Perspektive, Proportion, Zeit und Raum (Beispiel: ein ca. 30 Zentimeter hohes Türchen, das isoliert auf der Bühne steht und durch das gewisse exzentrische Amerikanerinnen wiederholt ein- und austreten, als gäbe es nicht anderes).

17. Das Varietétheater bietet uns alle bisher erreichten Rekorde: Höchstgeschwindigkeit und höchste Gleichgewichtsakrobatik der Japaner, höchste muskuläre Anspannung der Neger, höchster Entwicklungsstand der Intelligenz bei Tieren (dressierte Pferde, Elefanten, Seehunde, Hunde, Vögel); höchste melodische Inspiration des Golfes von Neapel und der russischen Steppen, ein Höchstmaß an Pariser Esprit, größter Kräftevergleich der verschiedenen Rassen (Ringen, Boxen), die größte anatomische Monstrosität und die größte weibliche Schönheit.

18. Während das heutige Theater verinnerlichtes Leben, schulmeisterliche Meditation, Bibliotheken, Museen, monotone Gewissenskämpfe, stupide Analysen der Gefühle, kurzum die Psychologie (eine schmutzige Sache und ein schmutziges Wort) verherrlicht, feiert das Varietétheater die Tat, das Heldentum, das Leben im Freien, die Geschicklichkeit, die Autorität des Instinkts und der Intuition. Der Psychologie hält es entgegen, was ich den Psychowahnsinn nenne.

19. Das Varietétheater bietet im Übrigen allen Ländern, die keine große Hauptstadt haben (wie etwa Italien), ein brillantes Resümee von Paris, das man als das einzige Zentrum des Luxus und des ultraraffinierten Vergnügens bezeichnen kann.

DER FUTURISMUS WILL DAS VARIETETHEATER IN EIN THEATER DES STAUNENS, DER REKORDE UND DES PSYCHOWAHNSINNS VERWANDELN.

1. In den Spektakeln des Varietétheaters müssen die Logik zerstört, der Luxus übertrieben und die Kontraste vervielfältigt werden. Auf der Bühne müssen souverän das Unglaubliche und das Absurde herrschen (Beispiel: Die Soubretten müssen gezwungen werden, sich das Dekolleté, die Arme und besonders die Haare in allen Farben zu färben, die bisher als Mittel der Verführung vernachlässigt wurden. Grüne Haare, violette Arme, ein azurblaues Dekolleté, orangefarbener Chignon usw. Ein Couplet wird unterbrochen und mit einer revolutionären Rede fortgesetzt. Eine Romanze wird mit Beleidigungen und Schimpfworten übergossen).

2. Verhindern, dass sich Traditionen ins Varietétheater einschleichen. Man muss deshalb darum kämpfen, dass die Pariser Revuen abgeschafft werden, die dumm und langweilig wie griechische Tragödien geworden sind, mit ihren Compère und Commère,

welche die Funktion des antiken Chores übernommen haben, ihrem Defilé von politischen Persönlichkeiten und Ereignissen, die auf entnervende Weise durch geistreiche Bemerkungen verbunden sind. Das Varietétheater darf nämlich nicht das sein, was es leider heute noch ist: eine mehr oder wenig humorvolle Zeitung.

3. Unter den Zuschauern im Parkett, den Logen und der Galerie die Überraschung und die Notwendigkeit zu handeln verbreiten. Hier ein paar Vorschläge: auf einige Sitze wird Leim geschmiert, sodass der Zuschauer, Herr oder Dame, kleben bleibt und dadurch allgemeine Heiterkeit erregt (Der Frack oder die beschädigte Toilette wird selbstverständlich am Ausgang ersetzt). – Denselben Platz an zehn Personen zugleich verkaufen: folglich Gedrängel, Zank und Streit. – Kostenlose Plätze an Damen und Herren verteilen, die bekanntermaßen leicht abgedreht, reizbar oder exzentrisch sind, damit sie durch obszöne Gesten, das Kneifen der Damen oder anderen Unfug ein Durcheinander verursachen. – Die Sessel werden mit Juck-, Niespulver usw. bestreut.

4. Systematisch auf der Bühne die gesamte klassische Kunst prostituieren, indem man zum Beispiel an einem einzigen Abend alle griechischen, französischen und italienischen Tragödien in Kurzform beziehungsweise komischen Versionen aufführt. – Die Werke von Beethoven, Wagner, Bach, Bellini und

Chopin dadurch beleben, dass man neapolitanische Lieder einfügt. – Auf der Bühne Seite an Seite Zacconi, die Duse, Mayol, Sarah Bernhardt und Fregoli auftreten lassen. – Eine Symphonie von Beethoven rückwärts, von der letzten Note an gespielt, aufführen. – Shakespeare auf einen einzigen Akt zusammenstreichen. – Dasselbe mit allen bewunderten Autoren tun. – *Ernani* von Schauspielern aufführen lassen, die bis zum Hals in Säcken stecken. Die Bühnenbretter einseifen, um im tragischsten Augenblick amüsante Purzelbäume zu bewirken.

5. Auf jede nur erdenkliche Weise den *Typus* des exzentrischen Amerikaners fördern, den Effekt von grotesker Erhabenheit und erschreckendem Dynamismus, seine derben Gags, seine enorme Brutalität, seine überraschenden Westen und Hosen, die tief wie die Kiele der Schiffe sind. Aus ihnen wird, zusammen mit vielen anderen Dingen, die große futuristische Heiterkeit entspringen, die das Gesicht der Welt verjüngen soll.

Im Übrigen vergesst nicht, wir Futuristen sind JUNGE AUSGELASSENE ARTILLERISTEN, wie wir es in unserem Manifest »Tod dem Mondschein« verkündet haben. Feuer + Feuer + Licht gegen den Mondschein und die alten Firmamente jeden Abend Krieg   große Städte schwingen Leuchtreklamen   Riesengesicht eines Negers (30 Meter hoch + 150 Meter Höhe des Hauses = 180 Meter) öffnen schließen öffnen schließen Goldauge Höhe 3 m RAUCHT RAUCHT MANOLI-ZIGARETTEN Frau im Hemd (50 Meter + 120 Höhe des Hauses – 170 Meter) violettes rosa lila azurblaues Mieder lösen Sekt elektrischer Glühbirnen in einem Champagnerkelch (30 Meter) perlen verdunsten in einem Schattenmund Leuchtreklamen verhüllen sich sterben unter einer schwarzen festen Hand erscheinen wieder bleiben setzen in der Nacht die Mühe des menschlichen Tages fort Mut + Wahnsinn niemals sterben noch stehen bleiben noch einschlafen Leuchtreklamen = Formation und Zerfall von Mineralien und Pflanzen Mittelpunkt der Erde Blutzirkulation in den eisernen Gesichtern der futuristischen Häuser Belebung Erröten (Freude Zorn los los noch mal schnell noch fester) sobald die pessimistische negative sentimentale nostalgische Finsternis die Stadt belagert Strahlendes Erwachen der Straßen die am Tag das dampfende Gewühl der Arbeit kanalisieren zwei Pferde (Höhe 30 m) mit einem Huf goldene Kugeln rollen lassen MONA LISA ABFÜHRMITTEL es kreuzen sich **trr trrr** elevated **trrrr trrrr** auf dem Kopf **trombeeebeeebeeette** pfeiiiiiifen Sirenen von Krankenwagen + elektrischen Pumpen die Straßen in wunderbare Korridore führen stoßen logische Notwendigkeit die Massen zur Angst + Heiterkeit + Lärm des Varietés FOLIES BERGE'RE EMPIRE CREME-ECLIPSE rote rote

rote türkise türkise türkise violette Quecksilberröhrchen enorme Buchstaben Aale aus Gold Feuer Purpur Diamant futuristische Herausforderung für die weinerliche Nacht

Niederlage der Sterne Wärme Enthusiasmus Glaube Überzeugung Wille Leuchtreklame durchdringt gegenüberliegendes Haus **gelbe Ohrfeigen** für jenen Gichtigen in bibliophilen Pantoffeln der sein Schläfchen hält 3 Spiegel schauen ihn an die Reklame taucht in die drei rotgoooooldenen Abgründe öffnen schließen öffnen schließen der Tiefen von 3 Milliarden Kilometer Schrecken

ausgehen ausgehen los Hut Stock Treppe Taxi Stoßen **zuu zuoeu** geschafft Aufleuchten des Wandelganges Feierlichkeit der Panther-Kokotten in den Wendekreisen der leichten Musik runder und warmer Duft der Fröhlichkeit des Varietés = unermüdlicher Ventilator des futuristischen Gehirns der Welt.

Nieder mit dem Tango Parzival!

11. Januar 1914

Futuristischer Brief an einige kosmopolitische Freundinnen, die Tango-Teegesellschaften veranstalten und sich parzivalisieren

Vor einem Jahr habe ich auf eine Umfrage des »Gil Blas«* geantwortet und die Verweichlichung durch den Tango angeprangert. Dieses Geschaukele verbreitet sich auf der ganzen Welt wie eine Epidemie und droht, alle Rassen zu verwesen, indem es sie zu Wackelpudding macht.

Aus gegebenem Anlass sehen wir uns also noch einmal genötigt, uns gegen den Schwachsinn dieser Mode aufzulehnen und die Schafherdenströmung des Snobismus in eine andere Richtung umzuleiten.

Monotonie der romantischen Hüften, unter dem Augenblinzeln und den spanischen Faustschlägen von De Musset, Hugo und Gautier. Industrialisierung von Baudelaire, wogende *Fleurs du mal* in den Tavernen von Jean Lorrain für impotente »Voyeure« à la Huysmans und Schwule wie Oskar Wilde. Letztes manisches Aufwallen einer sentimentalen dekadenten und lähmenden Romantik für die Femme fatale aus Pappmaché.

Unbeholfenheit des englischen und deutschen Tangos, Begierde und mechanische Spasmen aus Knochen und Fräcken, die ihre Empfindungen nicht äußern können. Plagiat des Pariser und des italienischen Tangos, jämmerliche Paare, wilde Raubtierhaftigkeit der argentinischen Rasse, die dummerweise gezähmt, betäubt und geschminkt wurde.

Eine Frau zu besitzen bedeutet nicht, sich an ihr zu reiben, sondern in sie einzudringen.

– Barbar!

Ein Knie zwischen den Schenkeln? Wie! es bedarf zweier!

– Barbar!

Also gut, wir sind Barbaren! Nieder mit dem Tango und seinen rhythmischen Ohnmachten. Findet ihr wirklich Vergnügen daran, euch gegenseitig in den Mund zu schauen und euch die Zähne zu richten wie zwei geisteskranke Zahnärzte?

Ziehen? … Plombieren? … Habt ihr wirklich Vergnügen daran, euch verzweifelt übereinanderzubeugen, ohne einander den Spasmus zu entreißen, ohne es jemals zu schaffen? … Oh, auf eure Schuhspitzen starren wie hypnotisierte Schuster? … Meine Seele, welche Schuhgröße trägst du? 35? … Wie gut dir deine Schuhe stehen, mein Traaaum! … Auch tuuuuu! … Tristan und Isolde, die ihren Krampf aufschieben, um König Markus zu erregen. Tropfenzähler der Liebe. Miniaturen der Sexualfurcht. Zuckerwatte des Begehrens. Wollust der frischen Luft. Delirium tremens. Hände und Füße von Alkoholikern. Mimik des Koitus für das Kino. Masturbierter Walzer. Puh! Nieder mit der Diplomatie der Haut! Es lebe die Brutalität einer Vergewaltigung und die schöne Raserei eines berauschenden kräftigenden Tanzes der Muskeln.

Tango, Trommelwirbel und Stampfen der Segler, die ihre Anker in die Abgründe des Kretinismus geworfen haben. Tango, Trommelwirbel und Stampfen der Segler, die getränkt sind von Zärtlichkeiten und mondänen Dummheit. Tango, Tango, dein Stampfen ist zum Kotzen. Tango, langsame und geduldige Beerdigungen von totem Sex. Oh! Ganz gewiss handelt es sich weder um Religion noch um Moral oder Schamgefühl! Diese drei Worte haben für uns keinen Sinn! Wir rufen Nieder mit dem Tango! im Namen der Gesundheit, der Kraft des Willens und der Männlichkeit.

Wenn der Tango schon ein Übel ist, dann ist Parzival noch übler, denn er impft den vor Langeweile und Sehnsucht schwankenden Tänzern eine unheilbare musikalische Neurasthenie ein.

Wie können wir Parzival mit seinen Wolkenbrüchen, seinen Pfützen und seinen Überschwemmungen aus mystischen Tränen entgehen? Parzival ist die systematische Abwertung des Lebens! Fabrik-Kooperative von Traurigkeit und Verzweiflung. Wenig melodiöse Überdehnung schwacher Mägen. Schlechte Verdauung und übler Mundgeruch vierzigjähriger Jungfrauen. Geplärr von fetten verstopften Pfaffen. Groß- und Einzelhandel von Gewissensbissen und Feigheit für Snobs. Blutinsuffizienz, Nierenschwäche, Hysterie, Anämie, Bleichsucht. Kniefall, Verhässlichung und Zerschmetterung des Menschen. Lächerliches Kriechen von verwundeten und besiegten Noten. Schnarchen von betrunkenen Organen im Erbrochenen des bitteren Leitmotivs. Tränen und falsche Perlen der Maria Magdalena im Dekolleté bei Maxim's. Polyphoner Juckreiz in Klingsors Wunde. Weinerliche Schläfrigkeit der Gralsritter. Lächerlicher Satanismus der Kundry. Rückständigkeit! Rückständigkeit! …

Schluss damit!

König und Königin des Snobismus, wisset, dass ihr uns Futuristen, uns lebendigen Erneuerern, unbedingten Gehorsam schuldet! Lasst also der viehischen Geilheit des Publikums den Kadaver von Wagner, dem Erneuerer von vor fünfzig Jahren, dessen Werk inzwischen von Debussy, Strauss und unserem großen Futuristen Pratella überholt worden und damit bedeutungslos geworden ist! Ihr habt uns geholfen, ihn zu verteidigen, als er es nötig hatte. Wir lehren euch nun, etwas Lebendiges zu lieben und zu verteidigen, oh ihr lieben Sklaven und Schafe des Snobismus.

Und vergesst nicht dieses letzte, für euch einzig einleuchtende Argument; heutzutage Wagner und seinen Parzival zu lieben, den man allerorten und ganz besonders in der Provinz aufführt, heutzutage Tango-Teegesellschaften zu veranstalten wie alle braven Bürger auf der Welt ist einfach nicht meeehr chic!

* *Gil Blas* war der Name eines vom 19. November 1879 bis zum 4. August 1914 täglich, vom 20. Januar 1921 bis zum März 1940 sporadisch erscheinenden Pariser Periodikums.

Lust, ausgepfiffen zu werden*

1915

Unter allen literarischen Formen ist diejenige, die über eine unmittelbare futuristische Durchschlagskraft verfügt, zweifellos das Theater. Unser Ziel ist es folglich, dass die dramatischen Künste nicht länger das sein mögen, was sie heutzutage darstellen: ein armseliges Industrieprodukt, das zum Vergnügen und zur Freude des Volkes auf den Markt geworfen wird. All die infamen Vorurteile, welche die Autoren, die Schauspieler und das Publikum erdrücken, müssen hinweggefegt werden.

1. Wir Futuristen lehren die Autoren zuvörderst die Verachtung des Publikums und im Besonderen des Premierenpublikums, dessen Psychologie wir wie folgt charakterisieren können: Rivalität der Hüte und weiblichen Toiletten, selbstgefälliger Stolz auf teuer bezahlte Plätze, der mit intellektueller Überheblichkeit einhergeht, von satten reichen Menschen mit naturgemäß mickriger Gehirnleistung und beschwerlicher Verdauung bevölkerte Logen und Parkettsitze, die jede mögliche Anstrengung des Geistes verunmöglichen.

Das von Monat zu Monat, von Stadt zu Stadt, von Viertel zu Viertel variierende Publikum, das in vollkommener Abhängigkeit von den politischen und sozialen Ereignissen lebt, von den Capricen der Mode, den Regengüssen, der extremen Hitze oder Kälte, dem letzten Artikel, den man am Nachmittag gelesen hat, und das bedauerlicherweise über kein anderes Bedürfnis verfügt als das, im Theater auf ersprießliche Weise zu verdauen, unfähig, in einem Kunstwerk etwas zu korrigieren, ihm zuzustimmen oder es zu tadeln.

Der Autor kann sich zwingen, es auf seine Seite zu bringen und es aus seiner Mittelmäßigkeit zu befreien, so wie man einen Schiffbrüchigen ans Ufer zieht. Er gebe jedoch Acht, sich nicht von den ängstlichen Händen seines Publikums ergreifen zu lassen, denn in diesem Falle würde er zum Klang des Applauses gemeinsam mit ihm untergehen.

2. Des Weiteren lehren wir das Grauen vor dem spontanen Erfolg, der gemeinhin die mittelmäßigsten und banalsten Werke krönt. Bei jenen Theaterstücken, die ohne Vermittlung noch Erklärung die Gesamtheit des Publikums ergreifen, handelt es sich um mehr oder weniger gut konstruierte Werke, die allerdings frei von jeder Neuheit und folglich kreativer Genialität sind.

3. Die Autoren dürfen sich um nichts anderes kümmern als um die absolute erneuernde Originalität.

Alle dramatischen Werke, die von einem Gemeinplatz ausgehen oder ihr Konzept, ihr Handlungsgerüst oder auch nur einen Teil davon aus anderen Kunstwerken beziehen, sind absolut verächtlich.

4. Die Leitmotive der Liebe und der amourösen Dreiecksgeschichten müssen als abgenutzt von der Bühne verbannt werden.

Liebe und amouröse Dreiecksgeschichten dürfen als Episoden oder Accessoires allenfalls von zweitrangiger Bedeutung sein, das heißt, ihnen darf nur jener Wert zugemessen werden, den sie heutzutage aufgrund der großen futuristischen Anstrengung im wirklichen Leben haben.

5. Da die dramatische Kunst ebenso wie jede andere Kunstform nur den einen Zweck verfolgen kann, nämlich die Seele des Publikums den Niederungen des Alltags zu entreißen und sie in die blendende Atmosphäre eines intellektuellen Rausches zu versetzen, verachten wir all jene Werke, die einzig und allein darauf angelegt sind, ihr Publikum zu Tränen zu rühren, so wie etwa das unvermeidlich erbärmliche Schauspiel einer Mutter, die ihren Sohn verloren hat, oder eines Mädchens, das ihren Geliebten nicht heiraten darf, oder ähnliche Abgegriffenheiten …

6. Wir verachten in der Kunst, und in besonderer Weise in der Theaterkunst, jede Art historischer Rekonstruktion, die sich an einem berühmten Helden

oder einer Heldin entzündet (Nero, Julius Cäsar, Napoleon, Francesca da Rimini) und sich zumeist in der Suggestion erschöpft, die von der unnützen Prachtentfaltung der Kostüme und den Schauplätzen der Vergangenheit ausgeht.

In gewisser Weise muss das moderne Drama den großen futuristischen Traum mit reflektieren, wie er aus unserem gegenwärtigen Leben aufsteigt, das von der Geschwindigkeit der Erde, der Meere, und der Luft intensiviert und von Dampfmaschinen und Elektrizität beherrscht wird.

Es ist notwendig, dem Theaterpublikum das Gefühl zu vermitteln, von Maschinen beherrscht zu werden. Es muss die großen Schauer, welche die Massen aufwühlen, die neuen Ideenströme und die großen wissenschaftlichen Entdeckungen, die unsere Wahrnehmung vollkommen verändert und unsere Mentalität als Menschen des Zwanzigsten Jahrhunderts verwandelt haben, am eigenen Leibe spüren.

7. Die dramatische Kunst darf keine psychologische Fotografie sein, sondern muss zur Synthese des Lebens in seinen typischsten und bedeutungsvollsten Grundlinien beitragen.

8. Es kann keine dramatische Kunst ohne Poesie geben, das heißt ohne Rausch und ohne Synthese.

Traditionelle Prosaformen verbieten sich von selbst. Der futuristische Schriftsteller wird sich folglich für sein Theaterschaffen freier Verse bedienen: einer beweglichen Orchestration von Bildern und Klängen, die sich von einfachsten Tonlagen – wenn etwa ein Domestike das Zimmer betritt oder eine Tür zuschlägt – nach und nach bis zu den Rhythmen der Leidenschaften steigern kann, deren Kadenzen wiederum von Mal zu Mal variiert werden müssen, beispielsweise wenn es sich darum handelt, den Sieg eines Volkes oder den Heldentod eines Fliegers zu verkünden.

9. Die Obsession des Reichtums unter den Literaten muss zerstört werden, ist es doch die Geldgier, die viele Autoren, deren Qualitäten sich eigentlich in denen des Kritikers bzw. des Chronisten mondänen Lebens erschöpfen, zum Theater getrieben hat.

10. Wir wollen die Schauspieler vollkommen der Autorität der Schriftsteller unterstellen und sie auf diese Weise der Herrschaft des Publikums entreißen, das sie fatalerweise auf Effekthascherei kapriziert hat und folglich die künstlerische Suche und tiefere Interpretation verhindert. Aus diesem Grunde muss die groteske Gewohnheit des Applauses oder Ausgepfiffenwerdens unterbunden werden, die allenfalls als Barometer parlamentarischer Beredsamkeit ihren Zweck hat, ganz gewiss jedoch nicht als Wertbestimmung eines Kunstwerkes.

11. Während wir also dieses Verbot erwarten, lehren wir die Autoren und Schauspieler die Lust, ausgepfiffen zu werden.

Alles, was ausgepfiffen wird, ist nicht notwendigerweise schön oder neu. Doch all das, was sich eines spontanen Applauses sicher sein kann, bewegt sich mit Sicherheit nicht über dem Niveau einer mittleren Intelligenz und ist somit mittelmäßig, banal, wiedergekäut oder bereits allzu gut verdaut.

Indem ich diese futuristischen Überzeugungen darlege, wiege ich mich in der freudigen Gewissheit, dass mein Genie, das viele Male vom französischen und italienischen Publikum ausgepfiffen wurde, niemals unter zu großem Applaus begraben werden wird wie irgendein Rostand! …**

* Dieses Manifest erschien zuerst am 11. Januar 1911 unter dem Titel »Manifest der futuristischen Bühnendichter«, unter dem es auch in deutscher Übersetzung vorliegt. Unter dem Eindruck seiner wachsenden Theatererfahrung wurde es von Marinetti selbst 1915 in die endgültige Fassung gebracht, der er den provokativen Titel »Lust, ausgepfiffen zu werden« gab.

** Edmond Eugène Alexis Rostand (1868–1918) war ein seinerzeit höchst erfolgreicher französischer Theaterschriftsteller.

Gegen die Liebe und den Parlamentarismus

1915

Diesen Hass nämlich, auf die Tyrannei der Liebe, drücken wir in einem lakonischen Satz aus: »die Verachtung der Frau«.

Wir verachten die Idee der Frau als einziges Ideal, als göttliches Behältnis der Liebe, die Frau als Gift, die Frau als tragischer Nippes, die schwache Frau, obsessiv und fatal, deren schicksalsschwere Stimme und deren träumendes Haar sich tiefer und tiefer in das Blattwerk der vom Mondschein nassen Wälder verlängert.

Wir verachten die grauenvoll schwere Liebe, die den Mann daran hindert, seinen Weg zu gehen, und es ihm unmöglich macht, aus seiner Menschlichkeit herauszutreten, sich zu verdoppeln, sich selbst zu übersteigen, um das zu werden, was wir den vervielfachten Menschen nennen.

Wir verachten die grauenvoll schwere Liebe, dieses immense Gängelband, mit dem die Sonne auf ihrer Bahn die mutige Erde in Ketten legt, die eigentlich immerfort emporschnellen möchte, um sich mit den Sternen zu messen.

Wir sind der Überzeugung, dass die Liebe – Sentimentalität und Unzucht – das Unnatürlichste auf der Welt ist. Es gibt nichts Natürlicheres und Wichtigeres als den Koitus, der den Futurismus der Spezies zum Ziel hat.

Die Liebe – romantische Obsessionen und Wollust – ist nichts anderes als eine Erfindung von Dichtern, die sie der Menschheit zum Geschenk machen … und es werden die Dichter sein, die sie der Menschheit wieder entziehen werden, so wie man einem Verleger ein Manuskript aus den Händen reißt, das er nicht in eine würdige Form zu bringen vermochte.

In diesem unserem Bemühen um Befreiung sind die Suffragetten unsere besten Mitstreiterinnen, denn je mehr Rechte und Macht die Frau erlangen wird, desto mehr wird ihre Liebesfähigkeit verkümmern, solange bis sie ganz und gar aufhören wird, eine Feuerstelle aus sentimentaler Leidenschaft oder Wollust zu sein.

Das körperliche Leben wird sich einzig und allein auf die Erhaltung der Spezies erstrecken, und dies wird ein enormer Gewinn für das Wachstum des Mannes sein.

Was die vermeintliche Unterlegenheit der Frau betrifft, so sind wir der festen Überzeugung, dass wenn ihr Körper und ihr Geist über Generationen hinweg dieselbe Erziehung wie der Körper und der Geist des Mannes erhalten hätte, es vielleicht möglich wäre, von der Gleichheit der Geschlechter zu sprechen.

Es ist allerdings vollkommen klar, dass die Frau in ihrer derzeitigen Funktion als intellektuelle und erotische Sklavin, also aus einer sowohl vom Charakter als auch von der Intelligenz her absolut unterlegenen Position heraus, nichts anderes als ein mittelmäßiges Instrument der Verfügungsgewalt sein kann.

Aus diesem Grunde verteidigen wir mit aller Entschiedenheit die Rechte der Suffragetten, auch wenn wir ihren kindischen Eifer im Kampf um das elende und lächerliche Wahlrecht nur mitleidig belächeln können.

In der Tat sind wir der festen Überzeugung, dass sie dieses über kurz oder lang erhalten werden und uns somit unwissentlich dabei helfen werden, den gigantischen Schwachsinn aus Korruption und Banalität, zu dem der Parlamentarismus mittlerweile verkommen ist, zu zerstören.

Fast allerorten ist der Parlamentarismus eine auf den Hund gekommene Form. Das einzig positive Resultat, das er gezeitigt hat, ist die illusorische Beteiligung von Mehrheiten an der Regierung. Ich betone, illusorisch, da das Volk weder jetzt noch in Zukunft jemals angemessen repräsentiert sein wird, da es selbst unfähig ist, seine Exponenten auszuwählen.

Infolgedessen wird es der Regierung stets fremd bleiben. Andererseits ist es der Parlamentarismus, dem das Volk seine Existenz verdankt.

Der Stolz der Massen ist durch die Erteilung des

Wahlrechts gewachsen. Die Statur des Individuums ist durch die Idee seiner Repräsentation geadelt worden. Diese Idee hat jedoch die Bedeutung der Intelligenz dadurch verzerrt, dass sie die Wertschätzung der Beredsamkeit über die Maßen hervorgehoben hat. Dieser Missstand verschlimmert sich von Tag zu Tag.

Deshalb begrüße ich den aggressiven Einzug der Frauen ins Parlament. Von wo sonst könnten wir einen solch ungeduldigen und effizienten Sprengstoff beziehen?

Fast alle Parlamente Europas sind nichts als laute Hühnerställe, Futterkrippen oder Kloaken.

Ihre vornehmsten Prinzipien sind: 1. das Geld als Korruptionsmittel und die monopolisierende List, die man dazu benötigt, einen Sitz im Parlament zu ergattern; 2. die geschwätzige Beredsamkeit, diese grandiose Verfälscherin der Ideen, Triumph hochtrabender Sätze, Negertamtam und die Gesten von Windmühlen.

Aus diesen groben Zutaten setzt sich normalerweise der Parlamentarismus zusammen, eine absolute Gewalt in den Händen einer Bande von Winkeladvokaten.

Wie allseits bekannt, gleichen sich die Rechtsanwälte in aller Welt. Es handelt sich bei ihnen um Individuen, die sich nur für das interessieren, was kümmerlich und unbedeutend ist … Kleingeister, die unfähig sind, über das Alltägliche hinaus ins Reich der allgemeinen Ideen vorzudringen, und die weder den Zusammenstoß und die Verschmelzung der Rassen zu erfassen vermögen, noch den flammenden Flug des Ideals über dem Individuum und über den Völkern. Sie sind nichts als Händler von Argumenten, sich prostituierende Gehirne, Gemischtwarenläden dünner Ideen und ziselierter Syllogismen.

Als Konsequenz des Parlamentarismus ist ein ganzes Volk von der Gnade jener Fabrikanten der Gerechtigkeit abhängig, die mit dem zahmen Eisen der Gesetze Fallen für die Einfältigen produzieren.

Zögern wir also nicht, den Frauen das Wahlrecht zu erteilen. Dies ist absolut logisch und im Übrigen die äußerste Konsequenz der Idee der Demokratie und des allgemeinen Wahlrechts, das von Jean-Jacques Rousseau und anderen Wegbereitern der Demokratie eingeführt worden ist.

Auf dass die Frauen sich beeilen mögen, so rasch als möglich diesen unschlagbaren Beweis für die totale Animalisierung der Politik zu erbringen.

Wir, die wir die Handlanger der Politik mit profunder Verachtung strafen, sind glücklich, den Parlamentarismus in die feindseligen Krallen der Frauen zu übergeben; den Frauen gebührt die edle Aufgabe, ihn definitiv aus der Welt zu schaffen.

Oh! und all dies meine ich keineswegs ironisch; es ist mir vollkommen ernst.

Die Frau, wie sie unsere gegenwärtige Gesellschaft hervorgebracht hat, kann nicht anders, als das Prinzip der Korruption, das unauflöslich an das des Stimmrechts geknüpft ist, zum Strahlen zu bringen.

Diejenigen, die das gute Recht der Suffragetten bekämpfen, tun dies nur, um ihre absolut persönlichen Interessen durchzusetzen: Sie verteidigen verbissen ihr Monopol auf die unnütze und schädliche Beredsamkeit, die ihnen schon sehr bald von den Frauen aus den Händen gerissen werden wird. Dieser Umstand jedoch interessiert uns in Wahrheit herzlich wenig. Wir haben da ganz andere Minen, um sie den Ruinen zu Füßen zu legen.

Es ist vollkommen klar, dass eine Regierung, die aus Frauen bestünde oder von Frauen gestützt würde, uns fatalerweise in Pazifismus und Tolstoi'sche Feigheit stürzen, ja uns den finalen Triumph des Klerikalismus und der moralistischen Heuchelei bescheren würde.

Vielleicht! Wahrscheinlich! Und es tut mir leid! …

Ein Krieg wird ausbrechen zwischen den Geschlechtern, der zweifelsohne von der Akkumulation der Kapitale ausgehen wird, der Nachtschwärmerei und der gesetzlichen Regelung der Löhne der Arbeiterinnen. Frauenhasser mit Humor mögen wohl bereits von einer Bartholomäusnacht für Frauen träumen.

Es mag durchaus den Anschein haben, ich tischte euch mehr oder weniger bizarre Paradoxien auf … Bedenkt jedoch dabei, dass nichts so paradox und bizarr ist wie die Wirklichkeit selbst und dass man der logischen Wahrscheinlichkeit der Geschichte unter keinen Umständen Glauben schenken darf.

Die Geschichte der Völker geschieht aufs Geratewohl, hier und dort, zerzaust und wenig anständig, etwa so wie ein leichtfertiges Mädchen, das sich an die Ermahnungen seines Vaters nur an Sylvester erinnert oder wenn es gerade von einem Liebhaber verlassen wurde. Doch unsere junge Geschichte der Welt ist unglücklicherweise noch viel zu weise und längst noch nicht unordentlich genug. Es ist folglich notwendig, dass sich die Frauen so bald als möglich einmischen, sind die Männer doch regelrecht durchnässt von tausendjähriger Weisheit. Ich schwöre euch, das sind keine Paradoxien, sondern ein Tappen in der Nacht der Zukunft.

Ihr werdet zum Beispiel zugeben, dass der Sieg des Feminismus und insbesondere der Einfluss der Frauen auf die Politik automatisch die Gesetze der Familie zerstören werden. Es wäre ein Leichtes, dies zu beweisen; doch ihr verweigert euch erschrocken dieser Einsicht und zeigt euch durchaus uneinsichtig gegenüber den ausgeklügelten Argumenten, denn an der Familie darf um keinen Preis gerüttelt werden.

»Alle Rechte und jede Freiheit müssen der Frau zugestanden werden«, schreit ihr, »doch die Familie muss davon unangetastet bleiben! …«

Es sei mir erlaubt, ein leicht skeptisches Lächeln aufzusetzen und euch entgegenzuhalten, dass wenn die Familie, diese Erstickerin der Lebensenergie, verschwinden wird, wir eben versuchen werden, ohne sie auszukommen.

Es steht außer Frage, dass, wenn die Frau heutzutage davon träumt, die politischen Rechte zu erlangen, sie dies nur aus dem einzigen Grunde tut, weil ihr Instinkt ihr suggeriert, dass sie als Mutter, Ehefrau und Geliebte einem begrenzten, vollständig nutzlosen Kreis des Animalischen angehört.

Ihr werdet gewiss einmal beim Start einer Blériot dabei gewesen sein, wie sie sich keuchend und noch von Mechanikern gewartet, unter den schrecklichen Ohrfeigen des Windes, der den Propeller zu seinen ersten Umdrehungen anspornt, in die Lüfte erhebt.

Ich gestehe euch, dass wir starken Futuristen uns beim Anblick eines solch berauschenden Schauspiels automatisch von der Frau entfernen, die plötzlich viel zu erdenschwer geworden ist, ja geradezu ein Symbol der Erde, die wir verlassen müssen.

Ja, davon haben wir sogar geträumt, uns eines Tages einen mechanischen Sohn zu erschaffen, Frucht des reinen Willens und Synthese all jener Gesetze, welche die Wissenschaft gerade erst dabei ist zu entdecken.

Der vervielfachte Mensch und das Reich der Maschine

1915

All dies sollte euch darauf vorbereitet haben, eine unserer wichtigsten futuristischen Bemühungen zu begreifen, die darin besteht, die vermeintlich unstrittige Verbindung der Ideen »Frau« und »Schönheit« in der Literatur abzuschaffen. Sie ist es gewesen, welche die gesamte Romantik auf eine Art heldenhaften Angriff kriegerischer und lyrischer Männer gegen einen mit Feinden gespickten Turm reduziert hat, in dem diese sich um die göttliche Schönheit-Frau scharren.

Romane wie Victor Hugos *Arbeiter des Meeres* oder Flauberts *Salambô* belegen, wie ich es meine. Dieses beherrschende Leitmotiv ist ebenso abgegriffen wie überflüssig, weshalb wir danach trachten, uns von ihm sowohl in der Literatur als auch in der Kunst im Allgemeinen zu verabschieden.

Aus diesem Grunde entwickeln und verkünden wir eine große neue Idee und verbreiten sie im heutigen Leben: die Idee der mechanischen Schönheit; wir verherrlichen also die Liebe zur Maschine, jene Liebe, die wir in den versengten und rußgeschwärzten Wangen der Mechaniker aufflammen sahen. Habt ihr noch nie einen Lokomotivführer beobachtet, während er liebevoll den großen und mächtigen Körper seiner Lokomotive wäscht? Es sind die liebevoll wissenden Zärtlichkeiten eines Liebhabers, der die angebetete Frau liebkost.

Bei dem großen Streik der französischen Eisenbahner hat man beobachten können, dass die Organisatoren der Sabotage sich vergeblich bemühten, auch nur einen einzigen Lokomotivführer zur Sabotage seiner Lokomotive zu bewegen.

Dies erscheint mir absolut natürlich. Wie hätte einer dieser Männer seine große treue ergebene Freundin des glühenden und bereiten Herzens verwunden oder umbringen können? Seine schöne stählerne Maschine, die so oft unter seinen feuchten Liebkosungen vor Wollust geglänzt hatte.

Kein Bild, dies, sondern fast schon Realität, wie wir bereits in einigen Jahren beobachten werden können.

Ihr werdet gewiss schon einmal Unterhaltungen gelauscht haben, wie sie sich gewöhnlich zwischen Automobilbesitzern und Leitern von Werkstätten abspielen: »Die Motoren«, sagen sie, »stecken wirklich voller Geheimnisse … sie haben ihre Launen, ihre plötzlichen Grillen; es scheint fast, als hätten sie eine Persönlichkeit, eine Seele, einen Willen. Man muss sie liebkosen, sie mit Respekt behandeln, niemals schlecht, und man soll sich davor hüten, sie zu überlasten. Wenn man auf diese Weise mit ihnen umgeht, dann wird diese Maschine aus flüssigem Eisen und Stahl, dieser nach präzisen Angaben konstruierte Motor, nicht nur zuverlässig arbeiten, sondern die doppelte und dreifache Leistung erbringen, eine größere Leistung als diejenige, die ihr Erbauer – ihr Vater – für sie berechnet hatte.«

Gut: ich messe diesen Sätzen, die mir eine zukünftige Entdeckung der Gesetze einer wirklichen Sensibilität der Maschine in Aussicht stellen, eine große Bedeutung zu!

Es gilt daher, die unmittelbar bevorstehende, unvermeidliche Identifikation von Mensch und Motor vorzubereiten, indem man einen kontinuierlichen Austausch von Intuition, Rhythmus, Instinkt und metallischer Diszipliniertheit befördert und vollendet, von dem die meisten noch gar keine Ahnung haben und den nur die hellsten Köpfe bereits erahnen.

Gewiss ist, dass wir, wenn wir Lamarcks transformatorischer Hypothese folgen, zugleich anerkennen, uns auf dem Wege zu einem nicht mehr menschlichen Wesen zu befinden, in dem Gewissensbisse, Güte, Zuneigung und Liebe, diese zersetzenden Gifte der unerschöpflichen Lebensenergie, diese Barrieren unserer mächtigen physiologischen Elektrizität, abgeschafft sein werden.

Wir glauben an die Möglichkeit einer unkalkulierbaren Anzahl menschlicher Transformationen und erklären ohne jede Ironie, dass im Fleisch des Menschen Flügel schlafen.

An dem Tag, an dem es dem Menschen gelingen wird, seinen Willen so zu verwirklichen, dass dieser sich außerhalb seiner selbst wie ein enormer unsichtbarer Arm verlängert, werden Traum und Begehren, die heute nur noch leere Worte sind, souverän über die gebändigte Zeit und den gezähmten Raum herrschen.

Das für eine allgegenwärtige Geschwindigkeit gebaute nicht mehr menschliche, mechanische Wesen, wird natürlich, grausam, allgegenwärtig und kampfbereit sein.

Es wird mit überraschenden Organen ausgestattet sein: Organen für einen Lebensraum unablässiger Erschütterungen.

Wir können bereits heute eine weise Entwicklung vorhersagen, eine Vorwölbung des Brustknochens, die umso wichtiger sein wird, als der zukünftige Mensch ein immer besserer Flieger sein wird.

Eine ähnliche Entwicklung kann man auch bei den besten Fliegern unter den Vögeln beobachten.

Ihr könnt diese anscheinend paradoxen Hypothesen unmittelbar begreifen, wenn ihr an das Phänomen des von außen gesteuerten Willens denkt, das man bei spiritistischen Sitzungen beobachten kann.

Des Weiteren könnt ihr beobachten, dass sich heutzutage im Volke immer mehr Menschen finden, die keineswegs über Kultur und Bildung verfügen, denen jedoch ungeachtet dessen eine große – ich nenne es: mechanische – Vergöttlichung oder ein metallischer Instinkt zuteilgeworden ist.

Dazu kommt es, weil diese Arbeiter bereits von der Maschine erzogen werden und in gewisser Weise mit den Motoren verschmelzen.

Um die Schaffung eines neuen, nicht mehr menschlichen, sondern mechanischen Wesens, des vervielfachten Menschen, vorzubereiten, muss man seinen Willen äußerlich werden lassen und das Bedürfnis nach Zuneigung, das dem Menschen immer noch in den Adern fließt, verringern.

Der zukünftige Mensch wird sein Herz auf dessen eigentliche Verteilerfunktion beschränken. Das Herz muss in gewisser Weise eine Art Magen des Gehirns werden, das sich systematisch füllt, damit das Gehirn arbeiten kann.

Man kann heute Menschen begegnen, die weitgehend ohne Liebe, in einer schönen stahlfarbenen Atmosphäre, durchs Leben schreiten. Sorgen wir dafür, dass die Anzahl dieser Menschen stetig zunimmt. Diese energiegeladenen Menschen besuchen abends nicht ihre Geliebte, sondern ziehen es vor, morgens in ihrer Werkstatt mit liebevoller Sorgfalt den Beginn eines neuen Arbeitstages zu beobachten.

Wir sind des Weiteren davon überzeugt, dass Kunst und Literatur einen bestimmenden Einfluss auf alle sozialen Klassen, auch die ungebildeten Schichten, ausüben, deren Teilhabe daran sich aus geheimnisvollen Quellen speist.

Es ist uns daher gegeben, die Entwicklung der Menschheit hin auf ein von Gefühlsduselei und Unzucht befreites Leben entweder zu bremsen oder zu beschleunigen. Unserem skeptischen, täglich aufs Neue abzutötenden Determinismus zum Trotze glauben wir an den Nutzen einer künstlerischen Propaganda, die sich ebenso gegen die apologetische Idee des Don Giovanni wie gegen die vergnügliche Vorstellung des gehörnten Ehemannes richtet.

Diese beiden Worte müssen im Leben, in der Kunst und in der kollektiven Vorstellungskraft jede Bedeutung verlieren.

Dient die Verunglimpfung des Gehörnten nicht der Verherrlichung Don Giovannis? Und trägt die Verherrlichung Don Giovannis nicht dazu bei, den Gehörnten immer lächerlicher erscheinen zu lassen?

Indem wir uns von diesen beiden Motiven befreien, lassen wir zugleich das krankhafte Phänomen der Eifersucht, die nichts anderes ist als ein Produkt Don-Giovanni-hafter Eitelkeit, hinter uns.

Die große romantische Liebe wird auf diese Weise auf ihren einzigen Zweck, die Arterhaltung zurückgestuft. Die Anspannung der Epidermen ist endlich von jedem aufpeitschenden Geheimnis befreit, von jedem appetitanregenden Pfeffer und von jeder Don-Giovanni-haften Eitelkeit: eine schlichte körperliche Funktion wie Essen und Trinken.

Der vervielfachte Mensch, den wir erträumen, wird die Tragödie des Alters nicht mehr kennen.

Doch dazu ist es notwendig, dass die jungen Männer von heute, angeekelt von erotischer Lektüre und von der zweifachen Droge Gefühl und Unzucht, endlich immun werden gegen die Krankheit der Liebe und lernen, den Herzschmerz in sich systematisch abzutöten. Täglich sollen sie ihre Gefühle zerstören und ihre Sexualität mit flüchtigen und gleichgültigen Abenteuern zerstreuen.

Unser aufrichtiger Optimismus wendet sich bedingungslos gegen den Pessimismus eines Schopenhauer, jenes bitteren Philosophen, der uns allzu oft den verführerischen Revolver seiner Philosophie an die Brust setzte, um den profunden Ekel vor der großen Liebe in uns zu töten.

Eben mit diesem Revolver werden wir fröhlichen Herzens auf den großen romantischen Mondschein zielen.

Die neue Religion-Moral der Geschwindigkeit

11. Mai 1916

In meinem ersten Manifest (20. Februar 1909) erklärte ich: Die Herrlichkeit der Welt hat sich um eine neue Schönheit bereichert, *die Schönheit der Geschwindigkeit*. Nach der dynamischen Kunst entsteht in diesem futuristischen Jahr unseres großen befreienden Krieges die neue Religion-Moral der Geschwindigkeit. Zweck der christlichen Moral war es, das Innenleben des Menschen auszugestalten. Da das Göttliche sich heute vollständig entleert hat, hat sie ihre Daseinsberechtigung verloren.

Die *christliche Moral* hat die körperliche Existenz des Menschen vor den Ausschweifungen der Sinnlichkeit bewahrt. Sie hat seine Instinkte abgemildert und ins Gleichgewicht gebracht. Die *futuristische Moral* wird den Menschen vor der Zersetzung bewahren, die von der Langsamkeit, der Erinnerung, der Analyse, der Ruhe und der Gewohnheit herrühren. Die verhundertfachte menschliche Energie der Geschwindigkeit wird Zeit und Raum beherrschen.

Der Mensch hat begonnen, den immergleichen

Rhythmus der großen identischen, im Rhythmus seiner Schritte fließenden Flüsse zu verachten. Der Mensch war eifersüchtig auf den Rhythmus der an galoppierende Pferde gemahnenden Wildbäche. Der Mensch zähmte die Pferde, die Elefanten und die Kamele, um seine göttliche Autorität durch die Steigerung der Geschwindigkeit unter Beweis zu stellen. Er verbündete sich mit den gefügigsten Tieren, er fing die aufmüpfigsten Tiere und ernährte sich von den essbaren Tieren. Der Mensch entriss dem Raum seine Elektrizität und seinen Treibstoff, um sich auf diese Weise neue Verbündete in der Welt der Motoren zu schaffen. Der Mensch zwang die vom Feuer bezwungenen und biegsam gemachten Metalle, sich mit den Treibstoffen und der Elektrizität zu verbinden. So schuf er ein feindliches und gefährliches Sklavenheer, das gerade noch zahm genug war, ihn schnell auf die Kurven der Welt zu befördern.

Gewundene Wege, Straßen, die der Trägheit der Flüsse folgen und an den ungleichen Rücken und Bäuchen der Berge entlanglaufen, dies sind die Gesetze der Erde. Niemals gerade Linien; stets Arabesken und Zickzack. Die Geschwindigkeit verleiht dem menschlichen Leben endlich eine der göttlichen Charaktereigenschaften: *die gerade Linie.*

Unter ihrer Kutte aus Schlamm fließt die trübe Donau, das Gesicht über ihr Innenleben aus fetten libidinösen und fruchtbaren Fischen geneigt, rumorend zwischen den hohen unerbittlichen Abgründen ihrer Berge wie in dem riesigen Mittelgang der Erde, diesem aufgedeckten Kloster der raschen Räder der Sternbilder. Wie lange wird dieser pedantische Fluss es zulassen, von einem Automobil in voller Geschwindigkeit, begleitet vom Gebell eines wild gewordenen Foxterriers, überholt zu werden? Meine Hoffnung ist es, die Donau schon bald schnurgerade und bei 300 Stundenkilometern dahinrasen zu sehen.

All diejenigen, die sich gegen die Geschwindigkeit versündigen, müssen verfolgt, ausgepeitscht und gefoltert werden.

Schwere Schuld der rückwärtsgewandten Städte, in denen die Sonne sich niederlässt, zur Ruhe bettet und nicht mehr weicht. Wer mag es glauben, dass die Sonne sich heute Abend zurückziehen wird? Los! Unmöglich! Ja, sie hat hier ihr Quartier aufgeschlagen. Plätze, Seen aus stagnierendem Feuer. Straßen, Flüsse aus faulem Feuer. Im Moment kein Durchkommen. Hier kommt man nicht raus! Überschwemmung der Sonne. Man bräuchte ein gefrorenes Boot oder einen Taucheranzug aus Eis, um dieses Feuer zu durchqueren. Sich verkriechen. Despotismus, polizeiliche Unterdrückung des Lichts, das die meuternden Farben der Frische und der Geschwindigkeit unterdrückt. Belagerung durch die Sonne. Wehe dem Körper, der das Haus verlässt. Schläge auf den Kopf. Tot. Sonnenguillotinen auf allen Türschwellen. Wehe dem Gedanken, der aus dem Schädel drängt. 2, 3, 4 bleierne Noten fallen ihm von einem baufälligen Kirchturm entgegen. Im Haus, in der Schwüle, Wut der nostalgischen Moscheen. Dehnung der Schenkel und verschwitzte Erinnerungen. Sündige Langsamkeit der sonntäglichen Massen und der venezianischen Lagunen.

Die Geschwindigkeit, deren Wesen die intuitive Synthese aller bewegten Kräfte darstellt, ist selbstverständlich *rein*. Die Langsamkeit, deren Wesen die rationale Analyse aller sich ausruhenden Müdigkeiten darstellt, ist selbstverständlich schmutzig. Nach der Zerstörung der überkommenen Begriffe von Gut und Böse, erschaffen wir einen neuen Wert: die Geschwindigkeit und ein neues Übel: die Langsamkeit.

Geschwindigkeit = Synthese geballten Mutes in Aktion. Kriegerische Aggressivität.

Langsamkeit = Analyse der stagnierenden Vorsicht. Passiv und pazifistisch.

Geschwindigkeit = Verachtung der Hindernisse, Wunsch nach unerforschtem Neuen. Modernität. Hygiene.

Langsamkeit = Stillstand, Ekstase, unbewegliche Verehrung der Hindernisse, Sehnsucht nach dem bereits Bekannten, Idealisierung von Müdigkeit und Ruhe, Pessimismus dem Unerforschten gegenüber. Ranzige Romantik des wilden wandernden Dichters und des zerzausten bebrillten und schmutzigen Philosophen.

Wenn Beten die Kommunikation mit einem göttlichen Wesen bedeutet, so ist das Fahren bei erhöhter Geschwindigkeit ein Gebet. Heiligkeit der Räder und Gleise. Man muss auf den Gleisen niederknien, um die göttliche Geschwindigkeit anzubeten. Man muss vor der rotierenden Geschwindigkeit eines kreiselförmigen Kompasses niederknien: 20.000 Umdrehungen in der Minute, die höchste jemals vom Menschen erreichte mechanische Geschwindigkeit. Man muss den Gestirnen das Geheimnis ihrer hinreißenden, unverständlichen Geschwindigkeit entreißen. Nehmen wir also an den großen Sternenschlachten teil; stellen wir uns den Sternen-Kugeln, die von unsichtbaren Kanonen verschossen werden; nehmen wir es mit dem Stern 1830 Groombridge auf, der mit 241 Stundenkilometern pro Sekunde fliegt, mit Arturo, der mit 413 Stundenkilometern pro Sekunde fliegt. Unsichtbare mathematische Artilleristen. Kriege, in denen die Sterne, die zugleich Projektile und Artilleristen sind, darum wetteifern, wer schneller einem größeren Stern entkommt beziehungsweise einen kleineren trifft. Unsere Heiligen sind die unzähligen Teilchen, die mit einer mittleren Geschwindigkeit von 42.000 Metern pro Sekunde in unsere Atmosphäre eindringen. Unsere Heiligen sind das Licht und die elektromagnetischen Wellen 3 x 10 (hoch 10) Meter pro Sekunde.

Die Trunkenheit der großen Geschwindigkeiten der Automobile ist nichts anderes als die Freude, mit dem einzigen *göttlichen Wesen* zu verschmelzen. Die Sportsmänner sind die ersten Katechumenen dieser Religion. Baldige Zerstörung der Häuser und Städte, um Platz für Automobile und Flugzeuge zu schaffen.

Vom Göttlichen bewohnte Orte: die Züge; die Zugrestaurants (rasche Essensaufnahme). Die Bahnhöfe; insbesondere jene im Westen der Vereinigten Staaten, wo die Züge mit 140 Stundenkilometern ohne anzuhalten vorbeirauschen und dabei das notwendige Wasser laden und die Postsäcke. Die Brücken und Tunnel. Der Platz vor der Pariser Oper. Das Strand Palace Hotel in London. Autorennbahnen. Kinofilme. Radiostationen. Die großen Wasserrohre, die der Atmosphäre das Alpenwasser zur elektrischen Energieerzeugung entreißen. Die großen Pariser Schneider, die durch die rasche Erfindung von Moden die Leidenschaft für das Neue wecken und den Hass auf das bereits Gesehene. Die hypermodernen und aktiven Städte wie etwa Mailand, die genau das haben, was die Amerikaner *punch* nennen (den gezielten, genauen Schlag, mit dem der Boxer seinen Gegner k.o. schlägt). Die Schlachtfelder. Die Maschinengewehre, Gewehre, Kanonen, Projektile sind göttlich. Die Minen und die raschen Gegen-Minen: den Gegner in die Luft jagen, BEVOR er uns in die Luft jagt. Der Verbrennungsmotor und die Reifen eines Automobils sind göttlich. Die Fahrräder und die Motorräder sind göttlich. Das Benzin ist göttlich. Religiöse Ekstase, die von 100 Pferdestärken ausgeht. Freude, vom dritten in den vierten Gang zu schalten. Freude, aufs Gaspedal zu treten, schnarchendes Pedal der raschen Musikalität. Widerwille vor verschlafenen Menschen. Ekel, den ich verspüre, wenn ich mich abends schlafen lege. Jeden Abend bete ich zu meiner elektrischen Lampe, auf dass sie eine wütende Geschwindigkeit verströmen möge.

Heldentum ist Geschwindigkeit, die sich selbst erreicht hat, während sie auf der größten aller Rennstrecken kreist.

Der Patriotismus ist die Geschwindigkeit, die auf eine Nation gerichtet ist; der Krieg ist die notwendige Bewährungsprobe für die Armee, den zentralen Motor einer Nation.

Die große Geschwindigkeit eines Automobils oder Flugzeugs ermöglicht es uns, innerhalb von kürzester Zeit die entferntesten Punkte auf der Erde zu erreichen und miteinander zu vergleichen, d. h. auf mechanische Weise die Arbeit der Analogiebildung zu verrichten. Wer viel reist, eignet sich auf mechanische Weise Bildung an, indem er einander fernliegende Gegenstände auf synthetische Art und Weise wahrnimmt, sie miteinander vergleicht und eine tiefe Verbundenheit zwischen ihnen entdeckt. Eine große Geschwindigkeit ist eine künstliche Reproduktion der analogischen Intuition des Künstlers. Allgegenwärtigkeit der drahtlosen Vorstellungskraft = Geschwindigkeit. Schöpferisches Genie = Geschwindigkeit.

Aktive und passive Geschwindigkeit; manövrierte Geschwindigkeit (Automobil); *modellierende Geschwindigkeit* (Schreiber, Steinmetz) und *modellierte Geschwindigkeit* (geschrieben, gemeißelt); *Geschwindigkeit, die von verschiedenen Geschwindigkeiten befördert wird* (Überseedampfer, der viele Motoren unterschiedlicher Geschwindigkeitsgrade befördert + viele Menschen in Bewegung: Matrosen, Maschinisten, Passagiere, Kellner, Köche, Schwimmer im aufgewühlten Wasser der Schwimmbecken + von den Schwimmern aufgewühltes Wasser + viele rennende und bellende Hunde + viele springende Flöhe + die potenzielle Geschwindigkeit vieler Rennpferde).

Ein weiteres Beispiel für die *Geschwindigkeit als Beförderungsmittel für viele Beförderungsmittel*:

Automobil, das den Fahrer befördert + Geschwindigkeit seines Gedankens, der bereits auf der zweiten Teilstrecke ist und bei den Überlegungen, was noch alles zu tun sei, während das Automobil immer noch die erste Teilstrecke bewältigt. In der Tat verspürt der Fahrer bei der Ankunft nunmehr die Langweile des bereits Gesehenen.

Unser Leben muss immer eine befördernde Geschwindigkeit sein: Geschwindigkeit Gedanke + Geschwindigkeit des Körpers + Geschwindigkeit des Untergrunds, der den Körper trägt + Geschwindigkeit des Elements (Wasser oder Luft), das den Boden (Schiff oder Flugzeug) trägt. Den Gedanken von der geistigen Ebene ablösen und ihn auf die materielle setzen. Wie ein Bleistift auf dem Papier der Straße Gerüche (Körperliches zerstreuen), Gedanken (Geistiges zerstreuen) = Steigerung der Geschwindigkeit. Die Geschwindigkeit zerstört die Gesetze der Gravitation, befördert die Subjektivität und versklavt infolgedessen die Werte von Zeit und Raum. Die Kilometer und die Stunden gleichen einander nicht, sondern haben für den schnellen Menschen eine unterschiedliche Länge und Dauer.

Lasst uns den Zug und das Automobil nachahmen, die allem, was sich auf der Straße befindet, befehlen, mit derselben Geschwindigkeit in entgegengesetzte Richtungen zu fahren, und die in allem, was sich auf der Straße befindet, den Widerspruchsgeist erwecken, also das Leben. Die Geschwindigkeit des Zuges zwingt die durchfahrende Landschaft sich in zwei Landschaften zu teilen, die in entgegengesetzte Richtungen streben. Jeder Zug trägt den sehnsüchtigen Teil der Seele dessen mit sich davon, der ihn vorüberfahren sieht. Die entferntesten Dinge, Bäume, Wälder, Hügel, Berge schauen erschrocken dabei zu, wie die Dinge in die entgegengesetzte Fahrtrichtung des Zuges geschleudert werden, woraufhin sie beschließen, es ihnen gleichzutun, allerdings traurigen Herzens und mit größerer Langsamkeit. Jeder Körper wird von der Geschwindigkeit in ein Pendel verwandelt, das bald nach links, bald nach rechts ausschlägt.

Rennen rennen rennen fliegen fliegen. Gefahr Gefahr Gefahr Gefahr rechts links unten oben innen außen schnuppern atmen den Tod trinken. Militaristische Revolution der Räderwerke. Kurzer knapper Lyrismus. Geometrischer Glanz. Um mehr Frische und mehr Leben als in Flüssen und Meeren zu genießen, müsst ihr bei Höchstgeschwindigkeit im frischesten Gegenwind fliegen. Als ich zum ersten Mal mit dem Piloten Bielovucic flog, spürte ich, wie sich mir die Brust als ein großes Loch öffnete, in das sintflutartig die gesamte Glätte und Frische des Himmelsblaus stürzte. Der langsam sich auflösenden Sinnlichkeit der Landschaften aus Sonne und Blumen sollt ihr die grausame und färbende Massage des wahnsinnig gewordenen Windes vorziehen. Sich steigernde Langsamkeit. Unendliche Wollust. Steigt mit leichten elastischen Rucken aus dem Wagen. Ihr habt euch von etwas Unangenehmem befreit. Ihr habt euch von der Erdenbindung befreit. Ihr habt euch von dem Gesetz befreit, das dem Menschen vorschreibt zu kriechen.

Man muss den Geschwindigkeitsgrad permanent verändern, damit unser Bewusstsein stets hellwach bleibt. Die Geschwindigkeit hat ihre Schönheit in einer zweifachen Wendung, kämpft sie doch 1. gegen den Widerstand der Bodenhaftung, 2. gegen den Druck der Atmosphäre, 3. gegen die Anziehungskraft der Leere, die durch eine Richtungsänderung verursacht wurde. Die Geschwindigkeit auf gerader Linie ist massiv, grob, *unbewusst*. Die Geschwindigkeit der Richtungsänderung und nach der Richtungsänderung ist eine flinke, *bewusste* Geschwindigkeit.

Wunderbares Drama des Wegschlitterns auf der Autorennbahn. Das Automobil tendiert dazu, in zwei Teile zu zerbrechen. Plötzliche Schwere des hinteren Teils, der zur Kanonenkugel mutiert, die sich, aus Furcht vor neuen Gefahren, automatisch abwärts bewegt, den Gräben, dem Zentrum der Erde zu. *Lieber sofort leiden als weitere Risiken auf sich nehmen.*

Nein! Nein! Nein! Ruhm und Ehre dem futuristischen Wagenführer, der mit einem Rippenstoß oder einem Schlag gegen das Lenkrad den hinteren Wagenteil aus dem Graben und auf die Piste zurückzieht. *In unserer Nähe*, unter uns, geraten die Automobile ins Schleudern, drehen sich um die eigene Achse, schnellen bis an die Kurve des Horizonts in die Höhe, zerbrechlich, von allen Hindernissen ihrer Richtungswechsel bedroht. Der zweifache Richtungswechsel bei Höchstgeschwindigkeit ist die höchste Manifestation des Lebens: Sieg unseres Ichs über die heimtückischen Verschwörungen unseres Gewichts, das unsere Geschwindigkeit töten will, indem sie es in ein Loch der Bewegungslosigkeit zieht. Geschwindigkeit = Zerstreuung + Verdichtung des Ichs. Der Raum, der von einem Körper durchschritten wird, verdichtet sich in eben diesem Körper.

Erdgeschwindigkeit: Liebe zur Erde-Frau Zerstreuung auf der Welt (horizontale Wollust) – Automobilismus, der liebevoll die Straßen die weißen Kurven die Weibchen streichelt

Luftgeschwindigkeit: Hass der Erde (senkrechter Mystizismus) Spiralförmiger Aufstieg des Ichs zum Nichts-Gott = abführende Geschmeidigkeit von Rizinusöl

Schneller Antrieb der Zugräder mit vom Lärm erschaffenen Zähnen. Die Räder holen aus der Erde alle Geräusche, die in ihr schlafen. Unter dem Druck des Zuges schnellen die Räder empor, zucken in dem elastischen vibrierenden Netz des ergriffenen Augenblicks. Die von Automobilen befahrenen Straßen sind Streifen mit kugel- und spiralförmigen Geräuschen. Diese 100 Pferdestärken vollenden das Werk des Ätna.

Die von Automobilen befahrenen Straßen und Gleise haben einen wellenförmigen, elastischen Schwung, der es ihnen erlaubt, sich rasch um den idealen Pfahl zu schlingen, der an einem Punkt des Horizonts auftaucht.

Wollust, sich allein im dunklen Innenraum einer Limousine zu befinden, die durch die leuchtenden Eisberge einer nächtlichen Metropole gleitet: Ganz besondere Wollust, sich als schneller Körper zu fühlen. Ich bin ein Mann, der oft am Bahnhof zwischen zwei Direktzügen isst; mein Blick pendelt zwischen der Wanduhr und dem dampfenden Teller hin und her; Leben-Furcht-Erinnerung dringt kreisend ins Herz ein. Man muss sie unverzüglich mit Geschwindigkeit füttern. Man darf einzig und allein an die Festigkeit-Widerstandskraft glauben, welche die Geschwindigkeit geschaffen hat. Die Kraft und die Kompliziertheit des Gedankens, die Raffiniertheit der Begierden und Appetite, das Unbefriedigende des Bodens, den Hunger auf Honig, Gewürze, auf Fleisch und ferne Früchte, all dies macht die futuristische Moral-Religion der Geschwindigkeit zu einer Notwendigkeit.

Die Geschwindigkeit trennt das Teilchen Mann vom Teilchen Frau. Die Geschwindigkeit zerstört die Liebe, dieses Laster des Stubenhockerherzens, dieses triste Gerinnsel, Arteriosklerose der Menschheit-Blut.

Einzig die Geschwindigkeit wird den giftigen sehnsüchtigen sentimentalen pazifistischen und neutralen Mondschein töten. Italiener, seid schnell und ihr werdet stark, optimistisch, unbesiegbar, unsterblich werden!

Das futuristische Kino

11. September 1916

Das Buch, dieses absolut reaktionäre Instrument, Gedanken festzuhalten und mitzuteilen, war bereits seit geraumer Zeit, ebenso wie die Kathedralen, die Türme, die von Zinnen gekrönten Mauern, die Museen und die pazifistischen Ideale, zum Untergang bestimmt. Das Buch, dieser statische Kamerad der Stubenhocker, der Nostalgiker und der Neutralen*, vermag die neuen futuristischen, vor revolutionärer, kriegerischer Dynamik berstenden Generationen weder zu unterhalten noch zu begeistern.

Explosionen tragen allerorten dazu bei, die europäische Wahrnehmungsfähigkeit immer beweglicher zu machen. Unser großer hygienischer Krieg, der alle unsere rationalen Interessen zu befriedigen haben wird, verhundertfacht die erneuernde Kraft der italienischen Rasse. Das futuristische Kino, dessen Wegbereiter wir sind, diese heitere Deformation des Universums, diese unlogische, kaum dingfest zu machende Synthese des Lebens auf Erden, wird die beste Schule für die Jugend überhaupt sein: eine Schule der Freude, der Tollkühnheit und des Heldentums. Das futuristische Kino wird die Aufnahmefähigkeit entwickeln und steigern, es wird die kreative Vorstellungskraft beschleunigen und der Intelligenz eine außerordentliche Vorstellung von Simultaneität und Allgegenwärtigkeit verleihen. Das futuristische Kino arbeitet an einer grundsätzlichen Erneuerung, indem es die Zeitschriften (und deren Pedanterie), das Drama (und dessen Vorhersehbarkeit) sowie das Buch (und dessen öden und bedrückenden Charakter) ersetzt. Zwar werden die Notwendigkeiten der Propaganda es unerlässlich machen, von Zeit zu Zeit ein Buch herauszubringen, wir ziehen es jedoch vor, uns durch die Sprache des Kinos auszudrücken, durch die großen Schildertafeln der befreiten Wörter und durch bewegliche, beleuchtete Anzeigetafeln.

Mithilfe unseres Manifests »Das synthetische Theater des Futurismus« und durch die erfolgreichen Tourneen der Theatertruppen Gualtiero Tumatis, Ettore Bertis, Annibale Ninchis und Luigi Zoncadas sowie den beiden Bänden über das »Synthetische futuristische Theater«, die 80 theatralische Synthesen enthalten, haben wir in Italien eine Revolution des Theaters begründet. Zuvor hatte bereits ein anderes futuristisches Manifest das »Varietétheater« rehabilitiert, glorifiziert und vervollkommnet. Es ist daher nur folgerichtig, dass wir heute mit unserer verlebendigenden Kraft in einen neuen Bereich des Theaters vordringen: das Kino.

Auf den ersten Blick erscheint das Kino, das ja erst seit ein paar Jahren existiert, an sich bereits futuristisch, will heißen: vergangenheits- und traditionslos. In Wahrheit hat es als Theater ohne Worte den gesamten Müll der Tradition des literarischen Theaters geerbt. Aus diesem Grunde können wir alles, was wir über das Theater im Allgemeinen gesagt haben, getrost auch auf das Kino beziehen.

Unser Vorstoß ist legitim und notwendig, da das Kino bis auf den heutigen Tag im Innersten reaktionär ist – und dazu tendiert, es auch zu bleiben – während wir in ihm die Möglichkeit einer eminent futuristischen Kunstform erkennen, das Ausdrucksmittel par excellence für die allumfassende Wahrnehmung eines futuristischen Künstlers.

Abgesehen von einigen interessanten Filmen über das Reisen, die Jagd, den Krieg etc. hat das Kino bislang nur dramatische Lächerlichkeiten reaktionären Charakters hervorbringen können. Selbst Drehbücher, die aufgrund ihrer Kürze und Vielfalt auf den ersten Blick durchaus fortschrittlich erscheinen könnten, sind meistens nichts anderes als eine bedauernswerte, zerhackte Analyse. Daraus folgt, dass die immensen künstlerischen Möglichkeiten des Kinos noch lange nicht ausgeschöpft sind.

Das Kino ist eine Kunstform für sich. Deshalb darf es sich unter keinen Umständen das Bühnengeschehen zum Vorbild nehmen. Als visuelle Kunst sollte sich das Kino zuallererst an den Entwicklungslinien der bildenden Künste orientieren: Distanz zur Wirklichkeit, zur Fotografie, zum Anmutigen und zur Feierlichkeit. Anti-anmutig werden, entstellend, impressionistisch, synthetisch, dynamisch, zur Befreiung der Wörter beitragend.

Es ist notwendig, das Kino von seiner Funktion als Ausdrucksmittel zu befreien, um es zum idealen Instrument einer neuen Kunst zu machen, die sich unbeschreiblich viel weiter und beweglicher gestalten wird als alle anderen bisher bekannten Kunstformen. Wir sind der Überzeugung, dass man nur durch sie die vervielfachte Ausdruckskraft erreichen wird, nach der alle modernen Formen künstlerischer Suche streben. Das futuristische Kino ist heute dabei, jene vervielfachte Ausdruckskraft in dem Sinne umzusetzen, den wir bereits vor einem Jahr in unserem Manifest »Gewichte, Maße und Preise des künstlerischen Genies« proklamiert haben. Im futuristischen Film werden die mannigfaltigsten Elemente als Ausdrucksmittel zum Einsatz kommen: Ausschnitte aus dem wirklichen Leben, Farbflecken, von Linien bis hin zu den befreiten Wörtern, von der chromatischen Musik und Skulptur bis hin zur Musik der Dinge. In der Tat wird der Film all dies in sich aufnehmen: Malerei, Architektur, Skulptur, die befreiten Wörter, Musik und Farbe, Linien und Formen, Ansammlung von Dingen und chaotisch verzerrter Wirklichkeit. Wir werden der künstlerischen Suche der Maler, die dazu tendieren, die Begrenzungen des Bildes überzustrapazieren, auf diese Weise neue Impulse verleihen. Wir werden die befreiten Wörter in Bewegung versetzen, auf dass sie die Grenzen der Literatur einreißen und sich in Richtung der Malerei, der Musik, der Lärm-Kunst bewegen mögen und dabei eine wunderbare Brücke zwischen den Wörtern und den Dingen der Wirklichkeit errichten.

Dies werden unsere Filme sein:

1. Kinematografische Analogien, bei denen die Wirklichkeit direkt als eines der beiden Elemente der Analogie zum Einsatz kommt. Beispiel: Wenn wir den angstvollen Zustand eines unserer Protagonisten wiedergeben möchten, werden wir, statt diesen in den unterschiedlichen Stadien seines Schmerzes zu beschreiben, ein analoges Gefühl durch das Einblenden eines zerklüfteten, kavernösen Berges hervorrufen.

Berge, Meere, Wälder, Städte, Massen, Heere, Mannschaften, Flugzeuge werden nicht selten unsere vornehmsten Ausdrucksmittel darstellen: Das Universum wird unser Wörterbuch sein.

Beispiel: Wir wollen ein Gefühl schräger Fröhlichkeit hervorrufen: Wir verwenden ein Fähnchen, das heiter um eine enorme Garderobe flattert, bis es sich endlich entscheidet, an einem Hacken hängen zu bleiben. Wir wollen ein Gefühl des Zorns vermitteln: Also zertrümmern wir den Jähzorn in einer Turbine aus gelben Patronen. Wir wollen die Angst eines Helden vermitteln, der seinen Glauben an den verblichenen Skeptizismus der Neutralen verloren hat: Also stellen wir den Helden dar, während er, über die Maße inspiriert, zu einer Menge spricht, dann lassen wir plötzlich Giovanni Giolitti** vortreten, der ihm eine Gabel voller leckerer Maccheroni in den Mund schiebt und dabei seine beflügelten Worte in Tomatensauce erstickt.

Dialogen werden wir dadurch Farbe verleihen, dass wir sehr schnell und simultan jedes Bild, das die Gedanken der Personen durchquert, zeigen. Beispiel: Während ein Mann einer Frau sagt: Du bist schön wie eine Gazelle, werden wir eine Gazelle zeigen. – Beispiel: Wenn eine Person sagt: Ich genieße dein frisches und leuchtendes Lächeln, so wie ein Reisender nach großen Anstrengungen den Anblick des Meeres von der Höhe eines Berges aus genießt, werden wir Meer und Berg zeigen.

Auf diese Weise werden unsere Personen so verständlich werden, als sprächen sie.

2. Kinematografische Epen, Reden, Gedichte. Wir werden die Bilder, aus denen sie bestehen, auf die Leinwand projizieren.

Beispiel: *Gesang der Liebe* von Giosuè Carducci:

»Vor den kauernden deutschen Burgen,
die sich wie Falken zur Jagd bereit machen …«

Wir werden die Felsen und die lauernden Falken einblenden.

»Von den Kirchen, deren marmorne Arme
sich in den Himmel zum Gebet verlängern
. . . .«

»… Von den inmitten der Burgen und Städte dunklen
Klöster, die am Glockenklang nebeneinander
liegen, wie unter lichten Bäumen Kuckucke
Überdruss und seltsame Freuden singen«

Wir werden Kirchen einblenden, die sich nach und nach in weibliche Flehgebärden verwandeln, Gott in der Höhe freut sich, wir zeigen die Klöster, den Kuckuck etc.

Beispiel: *Sommertraum* von Giosuè Carducci:

In deinen Kämpfen, o Homer, die in deinen Liedern seit je erklangen,
überwältigte mich die heiße Stunde: Am Ufer des Skamandros
übermannte mich der Schlaf, doch mein Herz floh ans Tyrrhenische Meer.

Wir werden Carducci zeigen, wie er inmitten des Tumultes der Achaier umherirrt und dabei geschickt den Rennpferden ausweicht, Homer huldigt, mit Aias in der Wirtschaft *Zum roten Skamandros* trinkt, wobei es ihm nach dem dritten Glas Wein das Herz, dessen Schläge man sehen muss, aus der Jacke reißt und er schließlich wie ein riesengroßer roter Luftballon über den Golf von Rapallo von dannen fliegt. Auf diese Weise werden wir mithilfe des Kinos die geheimsten Bewegungen des Genies sichtbar machen.

Wir werden die Werke der reaktionären Dichter

ins Lächerliche ziehen und die sehnsuchtsvollsten, monotonsten, weinerlichsten Gedichte zum größten Vergnügen des Publikums in gewaltige, erregende und erheiternde Schauspiele verwandeln.

3. Simultaneität und Durchdringung von Zeit und Raum der aufgenommenen Bilder. Wir werden im selben Augenblick-Bild 2 oder 3 unterschiedliche Varianten nebeneinanderstellen.

4. Musikalisch-kinematografische Suche (Dissonanzen, Akkorde, Sinfonie der Gesten, Tatsachen, Farben, Linien etc.).

5. Szenisch und kinematografisch umgesetzte Seelenzustände.

6. Alltägliche Übungen, um sich aus der kinematografischen Logik zu befreien.

7. Kinomatografische Ding-Dramen. (Bewegliche Dinge, vermenschlicht, geschminkt, bekleidet, verleidenschaftlicht, zivilisiert, getanzt – Dinge, die, aus ihrem gewöhnlichen Umfeld genommen und in einen anormalen Zustand versetzt, die staunenswerte Natur des nichtmenschlichen Lebens sichtbar machen.)

8. Schaufenster der kinomatografischen Ideen, Ereignisse, Typen, Dinge etc.

9. Kinematografische Kongresse, Flirts, Handgreiflichkeiten und Hochzeiten von Grimassen und Mimik. Beispiel: eine große Nase, die zur Stille aufruft, während Tausende Finger von Kongressteilnehmern mit einem Ohr bimmeln, während zwei Karabinieri-Schnurrbärte einen Zahn verhaften.

10. Irreale, kinematografische Rekonstruktionen des menschlichen Körpers.

11. Dramen kinematografischer Missverhältnisse (ein Mann hat Durst und holt einen winzigen Strohhalm hervor, der sich wie eine Nabelschnur bis in einen See hinein verlängert und diesen in einem Zuge ausleert.)

12. Denkbare Dramen und strategische Pläne kinematografischer Empfindungen.

13. Linerare plastische chromatische etc. Äquivalenzen von Männern, Frauen, Ereignissen, Gedanken, Musiken, Gefühlen, Gewichten, Gerüchen, kinematografischen Geräuschen (wir werden mit weißen Linien auf schwarzem Grund den gesamten Rhythmus und den körperlichen Rhythmus eines Mannes wiedergeben, der seine Frau als Ehebrecherin entlarvt und den Liebhaber verfolgt – Rhythmus der Seele und Rhythmus der Beine).

14. Befreite Wörter in kinematografischer Bewegung (synoptische Tafeln lyrischen Charakters – Dramen aus Buchstaben in Menschen- bzw. Tiergestalt – orthografische Dramen – Typografische Dramen – Geometrische Dramen – Numerische Wahrnehmung etc.).

Malerei + Skulptur + Plastische Dynamik + befreite Wörter + Geräuschmaschinen + Architektur + synthetisches Theater = futuristisches Kino.

Auf diese Weise zerlegen wir das Universum nach Maßgabe unserer phantastischen Capricen und setzen es neu zusammen, um die Potenz des schöpferischen Genies Italiens und seiner absoluten Vormachtstellung in der Welt zu verhundertfachen.

* Das Etikett »neutral« wird hier von Marinetti in diskreditierender Absicht verwendet. Es bezeichnet diejenigen politischen Kräfte des linken Spektrums, die im Ersten Weltkrieg die Neutralität Italiens einforderten und der nationalistischen Rechten, den sogenannten »Interventisten«, deshalb ein Dorn im Auge waren.

** Giovanni Giolitti (1842–1928), liberaler italienischer Politiker, der sich später gegen die Faschisten stellte.

Manifest des futuristischen Tanzes

8. Juli 1917

Seit je hat der Tanz seine Formen und Rhythmen aus dem Leben bezogen. Das Staunen und das Erschrecken, das die im Werden begriffene Menschheit im Angesicht der unbegreiflichen Komplexität des Universums empfand, können wir bereits in den ersten Tänzen bemerken, deren Ursprünge natürlich im Sakralen beschlossen liegen.

Bei den ersten orientalischen Tänzen, die von religiöser Furcht durchdrungen waren, handelt es sich um rhythmisch-symbolische Pantomimen, die in aller Unschuld die kreisenden Bewegungen der Sterne nachahmten. Dies ist der Ursprung des »Streifendienstes«. Auch die Schrittfolgen und Gesten des katholischen Priesters beim Zelebrieren der Messe lassen sich unschwer auf diese ersten Tänze zurückführen; ihre astrologische Symbolik ist die nämliche.

Die kambodschanischen und javanesischen Tänze zeichnen sich durch ihre architektonische Eleganz und ihre mathematische Regelmäßigkeit aus. Sie sind langsam marschierende Flachreliefe.

Die arabischen und persischen Tänze hingegen

sind lasziv: kaum spürbares Zittern der Hüften, die von einem monotonen Händeklatschen, beziehungsweise Trommelschlagen begleitet werden; spasmodische Zuckungen und hysterische Konvulsionen des Bauchtanzes; enorme Sprünge der sudanesischen Tänze. Jeder von ihnen ist die Variation eines einzigen Motivs, nämlich eines Mannes im Schneidersitz und einer halbnackten Frau, die ihn mit gekonnten Bewegungen zum Liebesakt zu überreden versucht.

Nach dem endgültigen Ableben des glorreichen italienischen Balletts kamen in Europa Stilisierungen wilder Tänze auf, elegante Variationen exotischer und moderne Varianten antiker Tänze. Roter Pariser Pfeffer + Friedhof + Schild + Lanze + Ekstase im Angesicht verbrauchter Ideale + Wellen aus Schenkeln à la Montmartre = reaktionärer erotischer Anachronismus für Ausländer.

Vor dem Krieg hatte man in Paris die südamerikanischen Tänze kultiviert: den spasmodischen argentinischen Tango, den chilenischen Zamacueca, den brasilianischen Maxixe, den Santafé aus Paraguay. Letzterer repräsentiert die Galanterien eines feurigen und kühnen Mannes, der um eine attraktive und verführerische Frau wirbt, die er am Ende in einem fulminanten Sprung ergreift und in einem atemberaubenden Walzer mit sich reißt.

Von außerordentlichem künstlerischem Interesse ist das russische Ballett von Diaghilew, der die traditionellen russischen Tänze durch eine phantastische

Verschmelzung von Musik und Tanz erneuert und dem Zuschauer damit eine vollkommene und originelle Vorstellung von der ursprünglichen Kraft der Rasse verleiht.

Mit Nijinsky tritt zum ersten Mal die reine Geometrie des von Mimik und sexueller Erregung befreiten Tanzes auf den Plan, dessen Göttlichkeit sich nunmehr in die Muskulatur verlagert hat.

Isidora Duncan erfindet den freien Tanz – ohne mimische Vorzeichen und unter Vernachlässigung von Muskulatur und Eurythmie – um alles dem leidenschaftlichen Ausdruck zu überantworten, der luftigen Glut der Schrittfolgen. In Wahrheit jedoch zielt all dies auf nichts anderes als darauf, den Körper einer sich entziehenden, provozierenden, bereitwilligen und dem Manne als Spender erotischer Freuden nachweinenden Frau zu intensivieren, zu bereichern und auf tausend verschiedene Arten zu variieren.

Des Öfteren hatte ich in Isidora Duncans Atelier das Vergnügen, hinter Vorhängen perlmuttfarbenen Rauches ihre freien Improvisationen zu bewundern. Ihr Tanz war vollkommen frei und unbeschwert, so etwa, wie man spricht, begehrt, liebt, weint. Sie tanzte zu jeder, noch der gewöhnlichsten auf dem Klavier geklimperten Musik, so etwa der von Mariette, ma petite Mariette. Und doch war sie nicht fähig, etwas anderes zu vermitteln als komplizierte Gefühlslagen von verzweifelter Nostalgie, spasmodischer Wollust und kindischer, typisch weiblicher Verspieltheit.

Zahlreich sind die Berührungspunkte zwischen

der Kunst Isidora Duncans und dem Impressionismus in der bildenden Kunst, ebenso zahlreich wie diejenigen zwischen der Kunst Nijinskys und dem Bau der Formen bei Cézanne.

Unter dem Einfluss der Kubisten und insbesondere unter dem Picassos entstand, nahezu unabhängig von der Musik, ein Tanz der Geometrien. Der Tanz wurde zu einer autonomen, der Musik gleichwertigen Kunstform. Der Tanz musste die Musik nicht länger ertragen, schickte er sich doch eben an, sie zu ersetzen.

Valentine de Saint-Point erfand einen abstrakten, metaphysischen Tanz, dessen Ziel es war, den reinen Gedanken ohne Sentimentalität noch sexuelle Glut zu übersetzen. Ihr Tanz Métachorie besteht aus mimisch dargestellten und getanzten Gedichten. Unglücklicherweise handelt es sich um reaktionäre Gedichte, die sich aus einer antiquierten griechischen und mittelalterlichen Sensibilität speisen, um getanzte, statische Abstraktionen, trocken, kalt und ohne jedes Gefühl. Weshalb sollte man sich des verlebendigenden Elements der Mimik berauben? Weshalb einen merowingischen Helm aufsetzen und die Augen geschlossen halten? Die Sensibilität dieser Tänze erscheint monoton, begrenzt, elementar und auf öde Weise in die überkommene, absurde Atmosphäre Furcht einflößender Mythologie verstrickt, die heutzutage längst keine Bedeutung mehr hat. Kalte Geometrie der Posen, die in keinem Verhältnis steht zu der enormen dynamischen simultanen Sensibilität des modernen Lebens.

Mit seinen hypermodernen Vorsätzen hat Dalcroce eine rhythmische, höchst interessante Gymnastik erfunden, deren Wirkung sich jedoch allein auf die Hygiene der Muskeln sowie auf die Darstellung der Feldarbeit erstreckt.

Wir Futuristen geben Loie-Füller den Vorzug und dem cake-walk der Neger (dem Einsatz des elektrischen Lichts und der Mechanik).

Die muskulären Möglichkeiten müssen überwunden werden, der Tanz sollte jenes Ideal des durch Motoren vervielfachten Körpers verwirklichen, von dem wir bereits seit geraumer Zeit träumen. Es ist also unsere Aufgabe, durch Gesten die Bewegungen der Maschinen nachzuahmen, den Lenkrädern, Rädern und Kolben den Hof zu machen, um auf diese Weise die Verschmelzung von Mensch und Maschine voranzutreiben und schließlich zum metallischen Charakter des futuristischen Tanzes vorzudringen.

Im Grunde ist die Musik unheilbar reaktionär und deshalb nur schwer für den futuristischen Tanz fruchtbar zu machen. Der Lärm als Resultat der Reibung oder des Zusammenstoßes von Massen, Flüssigkeiten oder Gasen im Augenblick der Beschleunigung ist durch Lautmalerei zu einem der dynamischsten Elemente der futuristischen Poesie geworden. Der Lärm ist die Sprache des neuen menschlich-mechanischen Lebens. Der futuristische Tanz wird also von organisiertem Lärm begleitet werden und von dem Orchester der Geräuschmaschine, die von Luigi Russolo erfunden wurde.

Dies sind die Kennzeichen des futuristischen Tanzes:

- Disharmonie
- Barsche Anti-Anmut
- Asymmetrie
- Synthese
- Dynamik
- Befreite Wörter

In dieser unserer futuristischen Epoche, während die linienförmige Aufstellung von mehr als 20 Millionen Männern eine phantastische Milchstraße aus Sternen und explodierten Schrapnells formt, welche die Erde umgeben; während Maschinen und Sprengstoffe dem Krieg zuarbeiten, um die Kräfte der Rassen zu verhundertfachen und dabei die größtmögliche Kühnheit aus ihnen herauszupressen, den Instinkt muskulärer Widerstandskraft nämlich, kann der futuristische Tanz keinen anderen Zweck haben, als das Heldentum ins Grenzenlose zu steigern, diesen Herrn über die Metalle, der mit der göttlichen Maschine der Geschwindigkeit und des Krieges verschmolzen ist.

Ich leite infolgedessen die drei futuristischen Tänze aus den drei Mechaniken des Krieges ab: dem Schrapnell, dem Maschinengewehr und dem Flugzeug.

ERSTER TEIL

Mein Ziel ist die Verschmelzung des Berges mit der Parabel des Schrapnell. Die Verschmelzung des körperlich menschlichen Liedes mit dem mechanischen Geräusch des Schrapnell. Was ich erreichen möchte, ist die ideale Synthese des Krieges: einen Gebirgsjäger der unbeschwert unter dem ununterbrochenen Beschuss der Schrapnells singt.

1. Bewegung. Die Füße marschieren das Bumbum des Projektils, das aus dem Maul der Kanone kommt.

2. Bewegung. Mit geöffneten Armen und bei gemäßigter Geschwindigkeit die lange pfeifende Parabel des Schrapnell beschreiben, das über den Kopf des Kämpfenden hinwegfliegt, in dem Augenblick, in dem es entweder zu hoch in der Luft oder direkt hinter ihm explodiert. Die Tänzerin wird ein Schild in die Höhe halten mit der azurblauen Aufschrift: Kurz rechts.

3. Bewegung. Mit hoch aufgerichteten, geöffneten Händen (die mit sehr langen versilberten Fingerhüten geschmückt sind), mit einem Paaaak den Eindruck einer stolzen silbernen Explosion des Schrapnell erzeugen. Die Tänzerin wird ein Schild in die Höhe halten mit der azurblauen Aufschrift: Lang links. Dann wird sie ein weiteres Schild hochhalten, mit der silbernen Aufschrift: Vorsicht, Eis. Synovitis.

4. Bewegung. Durch die Vibration des ganzen Körpers, den Wellenschlag der Hüften und den

schwimmenden Bewegungen der Arme, die Wellen und deren Kommen und Gehen simulieren sowie die konzentrischen Bewegungen der Echos in den Golfen, den Buchten und an den Berghängen. Die Tänzerin wird ein Schild mit schwarzer Aufschrift in die Höhe halten: Frondienst des Wassers; und ein anderes Schild, ebenfalls mit schwarzer Aufschrift: Fronarbeit der Ration; und noch ein anderes mit schwarzer Aufschrift: Die Maultiere die Post.

5. Bewegung. Mit kleinen springenden Hieben der Hände und bei abwartend ekstatischer Körperhaltung die ruhige und stets idyllische Indifferenz der Natur ausdrücken und das Zwitscher-Zwitscher-Zwitscher der Vögel. Die Tänzerin wird ein Schild mit unordentlichen Schriftzeichen in die Höhe halten: 300 Meter in den roten Zahlen. Dann ein weiteres mit roter Aufschrift: 15 Grad unter Null, 800 Meter rot grausam mild.

ZWEITER TEIL

6. Bewegung. Langsamer, ungezwungener und sorgloser Schritt der Gebirgsjäger, die singend unter den aufeinanderfolgenden Flugbahnen und von Schrapnells angefeuert marschieren.

Die Tänzerin wird sich eine Zigarette anzünden, während unsichtbare Stimmen eines der vielen Kriegslieder anstimmen werden:

Der Kommandeur der Gebirgsjäger
beginnt zu bombardieren…

7. Bewegung. Die Wellenbewegung, mit denen die Tänzerin dieses Kriegslied intonieren wird, wird von Bewegung 2 unterbrochen werden (pfeifende Flugbahn des Schrapnell).

8. Bewegung. Die Wellenbewegung, mit der die Tänzerin fortfährt, das Kriegslied zu intonieren, wird von Bewegung 3 unterbrochen (Explosion des Schrapnell in der Luft).

9. Bewegung. Die wellenförmige Bewegung wird durch Bewegung 4 unterbrochen (Wellen der Echos).

10. Bewegung. Die wellenförmige Bewegung wird durch Bewegung 5 unterbrochen (Zwitscher-Zwitscher-Zwitscher der Vögel inmitten der Stille der Natur).

Tanz des Maschinengewehrs
Es geht mir darum, die italienische Körperlichkeit des Schreis der Savoyer zu vermitteln! wie er zerreißt und im mechanischen geometrischen unaufhörlichen Kugelhagel der Maschinengewehre heldenhaft zerfetzt wird.

1. Bewegung. Mit nach vorne ausgestreckten Armen durch die Füße das mechanisch hämmernde Geräusch der Maschinengewehre wiedergeben tap-tap-tap-tap-tap. Die Tänzerin wird mit einer raschen Geste ein Schild mit roter Aufschrift in die Höhe halten: Feind in 700 Meter Entfernung.

2. Bewegung. Mit zu zwei Kelchen gerundeten Händen (die eine Hand voller weißer Rosen, die andere voller roter Rosen) das eruptive und unablässige Erblühen des Schnellfeuers aus den Läufen der Maschinengewehre suggerieren. Die Tänzerin wird zwischen den Lippen eine große weiße Orchidee haben und ein Schild mit roter Aufschrift in die Höhe halten: Feind in 500 Metern Entfernung.

3. Bewegung. Mit geöffneten Armen einen kreisenden und von Projektilen begossenen Fächer beschreiben.

4. Bewegung. Langsames Kreisen des Körpers, während die Füße auf dem Holz des Fußbodens stampfen.

5. Bewegung. Mit gewalttätigen Schwüngen des Körpers nach vorne den Schrei der Savoyerrrrrr begleiten.

6. Bewegung. Auf allen vieren wird die Tänzerin die Form der Maschinengewehre imitieren, schwarzsilbern unter dem Patronengurt. Den Arm nach vorne ausgestreckt wird sie fieberhaft die weiße und die rote Orchidee wie ein Schilfrohr während eines Schusses hin- und herbewegen.

Tanz der Fliegerin

Die Tänzerin wird über einer großen, grellbunten Landkarte (4 qm) tanzen, auf der groß und deutlich die Berge, die Flüsse, die Geometrien der Ebenen, die großen Straßenkreuzungen der Städte, das Meer eingezeichnet sind.

Die Tänzerin soll mithilfe von azurblauen Schleiern ein kontinuierliches Flattern evozieren. Auf der Brust hat sie einen großen Propeller aus Zelluloid in Form einer Blume, der, wie es seiner Natur entspricht, bei jeder Bewegung des Körpers vibriert. Das kreideweiße Gesicht unter einem weißen Hut in Form eines Eindeckers.

1. Bewegung. Die Tänzerin, die bäuchlings auf dem Landkartenteppich liegt, wird durch Zuckungen und wellenförmige Bewegungen des Körpers die Anflugphase eines Flugzeuges simulieren. Sie wird auf allen vieren weiterkriechen und dann urplötzlich mit weit geöffneten Armen und gestrecktem und gleichzeitig zitterndem Körper auf die Füße springen.

2. Bewegung. Die Tänzerin wird immer noch aufrecht ein Schild mit azurblauer Aufschrift hin- und herschwenken: 300 Meter – 3 Abgründe – Springen. Dann, unmittelbar darauf, ein zweites Schild mit der Aufschrift: 600 Meter – den Bergen ausweichen.

3. Bewegung. Die Tänzerin wird zahlreiche grüne Stoffe aufhäufen, um einen grünen Berg darzustellen, über den sie mit einem Satz hinwegspringen wird. Dann wird sie sich mit geöffneten Armen, noch immer bebend, strecken.

4. Bewegung. Die bebende Tänzerin hält vor sich eine große Sonne aus vergoldetem Karton in die Höhe und dreht sich dabei sehr schnell, so, als ob sie ihr hinterherliefe (frenetisch mechanisch spasmodisch).

5. Bewegung. Mit organisiertem Lärm den Regen

nachahmen und das Wispern des Windes und mit fortwährendem An- und Ausschalten des elektrischen Lichts Blitze imitieren. Währenddessen hebt die Tänzerin einen Webrahmen, der von rotem Seidenpapier in Wolkenform bedeckt ist und sich gegen den Sonnenuntergang stemmt, in die Höhe. Sie wird ihn durch einen geschickten Sprung (langsam, in großen melancholischen Wellen) durchbrechen.

6. Bewegung. Die Tänzerin wird vor sich einen weiteren Webrahmen, der mit dunkelblauem Seidenpapier bedeckt ist und dessen Form und Farbe an die gestirnte Nacht gemahnen, hin- und herschwenken. Die Tänzerin durchquert und durchbricht ihn. Dann wird sie den Boden vor sich mit goldenen Sternen bestreuen (fröhlich sorglos ironisch).

Der Taktilismus

Mailand, 11. Januar 1921

Noch einmal von vorn.

Der Futurismus, den wir im Jahre 1909 in Mailand begründet haben, brachte der Welt den Hass auf die Museen, die Akademien und die Sentimentalität, die Kunst-Aktion, die Verteidigung der Jugend gegen die Senilität, die Verherrlichung des innovativen Genies, das A-logische und Verrückte, die künstlerische Wahrnehmung des Mechanischen, der Geschwindigkeit, des Varietétheaters und der simultanen Durchdringung des modernen Lebens, die befreiten Wörter, den plastischen Dynamismus, die Geräuschmaschinen, das synthetische Theater. Der Futurismus verdoppelt heute seine schöpferische Anstrengung.

Im vergangenen Sommer, in Antignano, wo die *Via Amerigo Vespucci* (Entdecker Amerikas) eine Kurve bildet, die sich die Küste entlangzieht, erfand ich den Taktilismus. Auf den von den Arbeitern besetzten Werkstätten flatterten die roten Fahnen.

Ich badete nackt in dem von Felsen, Scheren, Messern, schaumigen Rasierern zerrissenen Wasser aus Seide, inmitten von Matratzen aus Algen, die von

Jod imprägniert waren. Nackt war ich im Meer aus biegsamem Stahl, dessen Atem männlich und fruchtbar war. Ich trank auf den Kelch des Meeres, das bis zum Rand mit Genie angefüllt war. Mit ihren langen gerösteten Strahlen vulkanisierte die Sonne meinen Körper und verbolzte den Kiel meiner Stirn der zahllosen Segel. Ein Mädchen aus dem Volke, das nach Salz und heißen Steinen roch, schaute sich lächelnd meine erste Tasttafel an:

– Sie vergnügen sich damit, Schiffchen zu basteln!

Und ich antwortete ihr:

– Ja, ich baue an einem Boot, das den menschlichen Geist in ungeahnte Gefilde transportieren wird.

Hier meine Gedanken als Schwimmer:

Die schlichte gewöhnliche Mehrheit der Menschen kannte nach dem großen Krieg nur eine einzige Sorge, nämlich die Steigerung ihres materiellen Wohlergehens.

Eine Minderheit von sensiblen und raffinierten Künstlern und Denkern hingegen zeigte die Symptome eines tiefen und geheimnisvollen Übels, das wahrscheinlich eine Konsequenz der großen tragischen Anstrengung ist, die der Krieg der Menschheit auferlegt hatte.

Symptome dieses Übels sind eine traurige Antriebslosigkeit, eine allzu weibliche Nervenschwäche, ein hoffnungsloser Pessimismus, eine fieberhafte Unentschlossenheit der verlorenen Instinkte und ein absoluter Mangel an Willenskraft.

Die schlichte gewöhnliche Mehrheit der Menschen schleudert sich lärmend der revolutionären Eroberung des kommunistischen Paradieses in die Arme und beteiligt sich an der finalen Belagerung des Glücksproblems in der festen Überzeugung, dieses lösen zu können, indem man alle materiellen Appetite und Bedürfnisse befriedigt.

Die intellektuelle Minderheit verachtet dieses fiebrige Streben aus ironischer Distanz, und, da sie nicht länger der alten Freuden der Religion, der Kunst und der Liebe frönt, die seit je ihre Privilegien und ihre Rückzugsmöglichkeiten gewesen sind, strengt es einen grausamen Prozess gegen das Leben an, das nicht mehr genossen werden kann. Sie verfällt in Pessimismus und verliert sich in sexuellen Abweichungen sowie in den künstlichen Paradiesen von Kokain, Opium, Äther etc.

Jene Mehrheit und diese Minderheit machen den Fortschritt, die Zivilisation, die mechanischen Kräfte der Geschwindigkeit, die Bequemlichkeiten der Hygiene, sprich den Futurismus, für ihre vergangenen, gegenwärtigen und zukünftigen Unglücke verantwortlich.

Fast alle sehen eine Alternative in der Rückkehr zum wilden, kontemplativen, langsamen, einsamen Leben fernab der verhassten Städte.

Was uns Futuristen betrifft, die wir mutig das spasmodische Drama des Nach-Kriegs in Angriff nehmen, so können wir sagen, dass wir alle revolutionären Bewegungen, welche die Mehrheit unternimmt, befürworten. Der Minderheit der Künstler und Denker jedoch rufen wir mit lauter Stimme zu:

– Das Leben hat immer recht! Die künstlichen Paradiese, mit denen ihr meint, es abtöten zu können, sind eitel. Hört auf, von einer absurden Rückkehr zum wilden Leben zu träumen. Hütet euch, die höheren Kräfte der Gesellschaft und die Wunder der Geschwindigkeit zu verdammen. Setzt euch vielmehr für die Heilung der Krankheit des Nach-Kriegs ein, indem ihr der Menschheit neue, freudige Nahrung verschafft. Statt die menschlichen Ballungszentren zu zerstören, muss man sie vervollkommnen. Intensiviert die Kommunikation und die Verschmelzung der Menschen. Zerstört die Entfernungen und die Barrieren, die sie in Liebe und Freundschaft trennen. Verschafft diesen beiden wesentlichen Manifestationen des Lebens, der Liebe und der Freundschaft, die totale Fülle und Schönheit.

Bei meinen aufmerksamen und anti-traditionellen Beobachtungen aller Phänomene von Erotik und Gefühl, welche die beiden Geschlechter vereinen, und der nicht minder komplexen Phänomene der Freundschaft, habe ich begriffen, dass die Menschen sich mit Mund und Augen verständigen. Aufgrund der Unempfindlichkeit der Haut, die nur ein mittelmäßiger Leiter des Gedankens ist, können wir dabei nie zu einer wirklichen Ehrlichkeit gelangen.

Während Augen und Stimme einander ihr Wesentliches mitteilen, vermittelt der Tastsinn zweier

Individuen bei ihrem Zusammenprall, in ihrem Verflochtensein und ihrer Reibung, nur sehr wenig.

Daraus ergibt sich die Notwendigkeit, den Handschlag, den Kuss und den Koitus in permanente Übertragungen des Gedankens zu verwandeln.

Indem ich die konfusen Erscheinungen des Willens und des Gedankens an unterschiedlichen Punkten meines Körpers, insbesondere auf den Handflächen, lokalisieren konnte, habe ich damit begonnen, meinen Tastsinn einer intensiven Therapie zu unterziehen. Diese Erziehung geht zwar nur langsam vonstatten, ist aber zugleich kinderleicht, alle gesunden Körper können durch sie überraschende und konkrete Resultate erzielen.

Menschen, deren Empfindungsvermögen angegriffen ist, und die ihre Erregbarkeit und vermeintliche Vollkommenheit eben aus der Schwäche ihres Körpers beziehen, werden die große *taktile* Tugend weniger leicht erreichen, es wird ihnen an Kontinuität und Sicherheit mangeln. Ich habe die erste erzieherische Stufenleiter des Tastsinns geschaffen, die zugleich eine Stufenleiter taktiler Werte für den Taktilismus beziehungsweise für die Kunst des Tastsinns ist.

Erste Stufenleiter, ebene Fläche mit 4 verschiedenen Kategorien des zu Betastenden.

Erste Kategorie: sicherer Tastsinn, abstrakt, kalt.
Schmirgelpapier,
Silberpapier.

Zweite Kategorie: Wärmeloser Tastsinn, überzeugend, vernünftig.
Glatte Seide,
Seidenkrepp.

Dritte Kategorie: erregend, lauwarm, sehnsüchtig.
Samt,
Wolle aus den Pyrenäen,
Wolle,
Wollseidenkrepp.

Vierte Kategorie: nahezu verwirrend, heiß, willensstark.
Körnige Seide,
geflochtene Seide,
Frotteestoff.
Zweite Stufenleiter der Größen.

Fünfte Kategorie: weich, heiß, menschlich.
Wildleder,
Fell von Pferd oder Hund,
menschliche Haare und Härchen,
Marabu.

Sechste Kategorie: heiß, sinnlich, witzig, liebevoll.
Diese Kategorie hat zwei Zweige:
Raues Eisen,
leichte Bürste,
Schwamm,
Eisenbürste,

Plüsch,
Flaum von Fleisch oder Fisch,
Vogelflaum.

Durch diese Unterscheidung taktiler Qualitäten habe ich Folgendes geschaffen:

1. – Die taktilen Tafeln, die ich dem Publikum bei unseren Vorträgen über die Kunst des Tastsinns präsentieren werde.

In weisen, harmonischen, beziehungsweise antithetischen Kombinationen habe ich die verschiedenen taktilen Qualitäten katalogisiert.

2. – Abstrakte oder suggestive taktile Tafeln (Reise der Hände). Diese taktilen Tafeln verfügen über taktile Qualitäten, die den Händen erlauben, auf ihnen zu reisen, farbigen Spuren zu folgen und auf diese Weise eine Abfolge von suggestiven Reizen zu verspüren. Ihr Rhythmus, bald sehnsüchtig, bald in unterschiedlichen Akzentuierungen, dann wieder aufgewühlt, wird durch präzise Anweisungen reguliert.

Eine dieser taktilen abstrakten Tafeln, die ich geschaffen habe, trägt den Titel: Sudan-Paris. Auf der Fläche des Sudan hat sie folgende taktilen Qualitäten: grob, fettig, rau, stechend, brennend

(Frotteestoff, Schaumstoff, Schmirgelpapier, Wolle, Bürste, Eisenbürste); auf der Fläche des Meeres, taktile Qualitäten, rutschig, metallisch, frisch (Silberpapier); auf der Fläche von Paris, weiche taktile Qualitäten, delikat, schmeichlerisch, heiß und kalt gleichzeitig (Seide, Samt, Federn, Flaumfedern).

3. – Taktile Tafeln für beide Geschlechter
Auf diesen taktilen Tafeln ermöglicht es die Disposition der taktilen Qualitäten den aufeinander eingespielten Händen von Mann und Frau, eine gemeinsame taktile Reise zu unternehmen. Die taktilen Tafeln sind von vielfältiger Qualität und der Genuss, den sie vermitteln, erfährt noch eine unerwartete Steigerung durch das Wetteifern zweier rivalisierender Wahrnehmungsweisen, die den Versuch unternehmen, dem jeweils anderen ihre konkurrierenden Empfindungen mitzuteilen.

Diese Tafeln sind dazu bestimmt, das verhässlichende Schachspiel abzulösen.

4. – Taktile Kissen

5. – Taktile Diwane

6. – Taktile Betten

7. – Taktile Hemden und Kleider

8. – Taktile Zimmer
In diesen taktilen Zimmern werden die Fußböden und Wände aus großen taktilen Tafeln bestehen. Taktile Qualitäten von Spiegeln, Wassern, Strömen, Metallen, Bürsten, leicht elektrischen Drähten, Marmor-

fliesen, Samtstoffen, Teppichen, die den nackten Füßen der Tänzer und Tänzerinnen vielfältigen Genuss verschaffen.

9. – Taktile Straßen

10. – Taktile Theater
Es wird eigens dem Taktilismus geweihte Theater geben. Die Zuschauer werden von ihren Sitzen aus mit den Händen lange, laufende Bänder ergreifen, die in unterschiedlichen Rhythmen taktile Empfindungen auslösen. Diese taktilen Bänder werden auch auf kleine Räder gespannt werden können und dabei zu Musik und Licht kreisen.

11. – Taktile Tafeln für Improvisationen der befreiten Wörter. Der Taktilist wird mit lauter Stimme den verschiedenen Empfindungen Ausdruck verleihen, die ihm auf der Reise seiner Hände begegnen. Seine Improvisation wird sich in befreiten Wörtern ausdrücken, frei von einem bestimmten Rhythmus, von Prosodie und Syntax. Einer wesentlichen und synthetischen Improvisation, die so wenig menschliche Qualitäten wie möglich haben soll. Die Augen des Taktilisten-Improvisators können verbunden sein, besser wäre es jedoch, ihn in die Strahlen eines Projektors einzuwickeln, da die vollkommene Dunkelheit den Nachteil hat, dass die Wahrnehmung sich zu sehr auf eine exzessiv abstrakte Ebene begibt.

Erziehung des Tastsinns.

1. – Die Hände müssen einige Tage lang in Handschuhe gesteckt werden. Während dieser Zeit wird sich der Geist darauf konzentrieren, die Begierde nach neuen taktilen Empfindungen in sich zu kultivieren.

2. – Im Meer tauchen und dabei versuchen, auf taktiler Ebene die ineinander verflochtenen Strömungen und die unterschiedlichen Temperaturen zu unterscheiden.

3. – Jeden Abend, bei vollkommener Finsternis, alle Gegenstände im Schlafzimmer erkennen und zählen. Während ich mich 1917 in Gorizia, im Dunkel eines Schützengrabens, dieser Übung widmete, machte ich meine ersten taktilen Experimente.

Ich hatte niemals den Ehrgeiz, die taktile Wahrnehmungsweise zu erfinden, die bereits in genialer Form in der Jongleuse und in den *Hors-nature* von Rachilde zum Ausdruck gekommen waren. Auch andere Schriftsteller und Künstler haben den Taktilismus antizipiert. Es existiert darüber hinaus seit langer Zeit eine Kunst des plastischen Tastsinns. Mein großer Freund Boccioni, der futuristische Maler und Bildhauer, wurde von taktiler Wahrnehmung geleitet, als er 1911 seine Plastik *Verschmelzung eines Kopfes und eines Fensters* mithilfe von – sowohl ihrem Gewicht als auch ihren taktilen Qualitäten nach – vollkommen gegensätzlichen Materialien schuf: Eisen, Porzellan, Frauenhaar.

Der von mir erschaffene Taktilismus ist eine von allen anderen bildhauerischen Künsten grundsätzlich unterschiedliche Kunstform. Er hat mit Malerei und Bildhauerei nichts zu schaffen und weder etwas von diesen beiden zu lernen noch an sie abzugeben. Die taktilen Tafeln sollten keine allzu große Vielfalt der Farben aufweisen, um einen allzu plastischen Eindruck zu vermeiden.

Die Maler und Bildhauer, die natürlicherweise dazu tendieren, die taktilen Qualitäten den visuellen unterzuordnen, werden nur schwerlich aussagekräftige taktile Tafeln hervorzubringen vermögen.

Mir scheint, dass der Taktilismus zuvörderst für junge Dichter, Pianisten, Stenotypisten sowie für alle raffinierten und mächtigen erotischen Temperamente prädestiniert ist.

Nichtsdestotrotz sollte der Taktilismus nicht nur die Zusammenarbeit mit den plastischen Künsten vermeiden, sondern auch die krankhafte Erotomanie. Sein Zweck ist es, schlicht und einfach taktile Harmonien herzustellen. Auf diese Weise trägt er indirekt dazu bei, die spirituelle Kommunikation zwischen den Menschen durch die Epidermis zu befördern.

Die Unterscheidung der fünf Sinne ist im Grunde willkürlich, und eines Tages wird man gewiss zahllose andere Sinne entdecken und katalogisieren. Der Taktilismus wird diese Entdeckung beschleunigen.

Manifest der futuristischen Küche

28.12.1930

Der italienische Futurismus, Vater zahlreicher Futurismen und ausländischer Avantgarden, bleibt keineswegs ein Gefangener der weltweiten Siege die »in zwanzig Jahren großer künstlerischer und politischer, mit Blut besiegelter Schlachten« errungen wurden, wie es Benito Mussolini formuliert hat. Immer noch setzt sich der italienische Futurismus mit einem Programm zur vollkommenen Erneuerung der Küche der Unpopularität aus.

Unter allen künstlerisch-literarischen Bewegungen zeichnet allein er sich durch verwegene Kühnheit aus. Bei der Malerei und der Literatur des 20. Jahrhunderts handelt es sich in Wahrheit um zwei praktische, moderat rechte Futurismen. Der Tradition verhaftet, wagen beide vorsichtig das Neue, um aus dem einen wie aus dem anderen den möglichst großen Nutzen zu ziehen.

Gegen die *pasta asciutta*

Der Futurismus ist von den Philosophen als »Mystizismus der Aktion« bezeichnet worden, Benedetto Croce sprach von »Antihistorismus«, Graça Aranha von der »Befreiung vom ästhetischen Terror«, wir von »erneuertem italienischen Stolz«. Dabei prägten wir Formeln wie »ursprüngliches Kunst-Leben«, »Religion der Geschwindigkeit«, »äußerste Anstrengung der Menschheit in Richtung Synthese«, »spirituelle Hygiene«, »Methode unvermeidlicher Schöpfung«, »schneller geometrischer Glanz«, »Ästhetik der Maschine«.

Ohne uns um den praktischen Nutzen zu scheren, ignorieren wir das Beispiel und die Mahnung der Tradition, denn wir wollen das Neue um jeden Preis, auch wenn die anderen es für verrückt halten.

Selbst wenn wir zugeben müssen, dass schlecht und grob ernährte Menschen in der Vergangenheit durchaus Großes geleistet haben, verkünden wir diese Wahrheit: Man denkt, träumt und handelt nach Maßgabe dessen, was man isst und trinkt.

Befragen wir diesbezüglich nur einmal unsere Lippen, unsere Zunge, unsere Geschmackspapillen, unsere Drüsensekrete, um sodann auf geniale Weise in die Chemie des Magens einzutreten.

Wir Futuristen spüren, dass die Liebeslust beim Mann die Abgründe von oben nach unten erschließt, während sie für die Frau horizontal, wie ein Fächer angelegt ist.

Die Wollust des Gaumens hingegen führt im menschlichen Körper bei Mann und Frau stets als aufsteigende Linie von unten nach oben. Wir sind uns bewusst, dass wir verhindern müssen, dass der Italiener würfelförmig massig und bleischwer von trüber und blinder Kompaktheit werde, und das, wo er doch gerade mit der schlanken durchsichtigen, von Leidenschaft, Zärtlichkeit, Licht, Willen, Elan und heldenhafter Zähigkeit spiralförmigen Italienerin harmonieren sollte. Lasst uns also an der Biegsamkeit italienischer Körper arbeiten, die sich mühelos jenen leichten Zügen aus Aluminium anpassen können, welche die gegenwärtigen schweren Modelle aus Eisen Holz Stahl ersetzen werden.

Wir sind überzeugt, dass im wahrscheinlichen Falle eines künftigen Kriegsausbruchs, das gelenkigste, sprungbereiteste Volk den Sieg davontragen wird. Nachdem wir Futuristen die Weltliteratur durch die befreiten Wörter und den simultanen Stil entschlackt, das Theater der Langeweile durch alogische Überraschungssynthesen und Dramen mit leblosen Gegenständen entleert, die Plastik durch Antirealismus ins Unendliche gesteigert haben und schließlich den geometrischen Glanz einer Architektur ohne dekoratives Beiwerk sowie eine abstrakte Filmkunst und Fotografie geschaffen haben, setzen wir nun die Ernährung fest, die einem immer luftigeren und schnelleren Leben entspricht.

Dies sind unsere wichtigsten Maßnahmen:

a) Die Abschaffung der *pasta asciutta*, dieser absurden Religion der italienischen Gastronomie.

Den Engländern mag ihr Stockfisch, ihr Roastbeef und ihr Pudding zuträglich sein, den Holländern ihr gekochtes Fleisch mit Käse, den Deutschen ihr Sauerkraut, ihr geräucherter Speck und ihre Würste; den Italienern ist die *pasta asciutta* nicht zuträglich. So steht sie etwa im Gegensatz zu der geistigen Lebhaftigkeit und der leidenschaftlichen großzügigen und einfühlsamen Seele der Neapolitaner. Trotz des täglichen Verzehrs großer Portionen von *pasta asciutta* waren sie heldenhafte Soldaten, inspirierte Künstler, mitreißende Redner, scharfsinnige Anwälte und zähe Bauern. Ihre Kost führt jedoch zu jenem ironischen und sentimentalen Skeptizismus, der häufig ihren Enthusiasmus beschneidet.

Ein höchst intelligenter Professor aus Neapel, Dr. Singnorelli, schreibt: »Im Unterschied zu Brot und Reis ist die *pasta asciutta* ein Nahrungsmittel, das man hinunterschlingt, aber nicht kaut. Dieses stärkehaltige Nahrungsmittel wird zum großen Teil bereits im Mund vom Speichel verdaut, so dass Pankreas und Leber von ihrer Verdauungsarbeit entbunden sind. Dies führt zu einem Ungleichgewicht und zu Störungen der entsprechenden Organe, welche Schlappheit, Pessimismus, nostalgische Antriebslosigkeit und eine neutrale Haltung zur Folge haben.«

Einladung zur Chemie

Die *pasta asciutta*, deren Nährwert zu 40 % unter der von Fleisch, Fisch und Hülsenfrüchten liegt, bindet den heutigen Italiener mit ihren Knoten an die langsamen Webstühle der Penelope und an die schläfrigen Segler auf der Suche nach Wind. Weshalb steht ihre Schwere noch immer dem riesigen Netz von Kurz- und Langwellen entgegen, das der italienische Genius über Ozeane und Kontinente geworfen hat, und den Landschaften aus Farbe Form Geräuschen, die Radio und Fernsehen um die Erde schicken? Die Verteidiger der *pasta asciutta* tragen diese wie ein Zuchthäusler seine Kugel oder ein Archäologe seine Ruinen im Magen. Man bedenke überdies, dass die Abschaffung der *pasta asciutta* Italien vom Import teuren ausländischen Weizens befreien und die heimische Reisproduktion begünstigen wird.

b) Die Abschaffung von Umfang und Gewicht als Kriterium des Wertes der Nahrung.

c) Die Abschaffung der traditionellen Zusammenstellungen durch das Experimentieren mit neuen, vermeintlich absurden Zusammenstellungen, wie sie etwa Jarro Maincave und andere futuristische Köche empfehlen.

d) Die Abschaffung der alltäglichen Mittelmäßigkeit der Gaumenfreuden.

Nehmen wir die Chemie in die Pflicht, die dem Körper die notwendigen Kalorien durch Nahrungsäquivalente in Pulver- oder Pillenform zuführen soll: eiweißhaltig, mit synthetischen Fetten und Vitaminen, und den Bürgern unentgeltlich vom Staat zur Verfügung gestellt. Auf diese Weise wird man die Lebenshaltungskosten senken, die Wochenarbeitszeit verringern und die Gehälter senken. Heutzutage ist für zweitausend Kilowatt nur ein Arbeiter notwendig. Die Maschinen werden im Dienste der Menschen ein gehorsames Proletariat aus Eisen, Stahl und Aluminium bilden, das ihn schon bald von der manuellen Arbeit befreien wird. Wenn es gelingt, die Arbeitszeit auf zwei oder drei Stunden zu beschränken, dann wird es genug Zeit geben, um die restlichen Stunden mit Gedanken, Kunst und der Vorfreude auf vollkommene Mahlzeiten zu adeln.

In allen sozialen Schichten wird sich die Anzahl der Mahlzeiten verringern, durch die Zuführung von Nahrungsäquivalenten jedoch wird sich die Ernährung zugleich vervollkommnen.

Die vollkommene Mahlzeit erfordert:

1) Eine mit den Geschmäckern und Farben der Speisen harmonisierende originelle Gestaltung der Tafel (Kristall, Geschirr, Dekoration)

2) Die unbedingte Originalität der Speisen

Die »Fleischplastik«

Beispiel: Um den *Alaska Lachs in Sonnenstrahlen mit Marssauce* zuzubereiten, nehme man einen guten Alaska Lachs, tranchiere ihn und brate ihn mit Salz und Pfeffer in gutem Öl, bis er goldbraun ist. Man füge halbierte Tomaten hinzu, die zuvor mit Petersilie und Knoblauch gegrillt worden sind. Vor dem Servieren verteile man auf dem Fisch geflochtene Anchovisfilets. Auf jedes Stück kommt ein Scheibchen Zitrone und einige Kapern. Die Sauce wird aus Anchovisstücken, dem Dotter von hart gekochten Eiern, Basilikum, Olivenöl und einem Gläschen italienischem Aurum-Likör gemischt und durchpassiert. (Formel von Bulgheroni, dem Chefkoch der »Gänsefeder«.)

Beispiel: Um die *Schnepfe à la Monterosa in Venussauce* zuzubereiten, nehme man eine schöne Schnepfe, säubere sie, bedecke ihre Brust mit Schinken- und Speckscheiben, lege sie mit Butter, Salz, Pfeffer und Wachholder in eine Kasserolle und backe sie 15 Minuten lang in einem sehr heißen Ofen. Dabei beträufle man sie mit Cognac. Sobald man sie aus der Kasserolle genommen hat, lege man sie auf große, viereckige, mit Rum und Cognac getränkte Brotscheiben und bedecke sie mit Blätterteig. Dann gebe man sie wieder in den Ofen, bis der Teig gut durchgebacken ist. Man serviere sie mit folgender Sauce: Man koche je ein halbes Glas Marsala und Weißwein, vier Teelöffel Heidelbeeren und etwas zerkleinerte

Orangenschale ca. 10 Minuten. Die Sauce in die Sauciere geben und sodann heiß servieren. (Formel von Bulgheroni, dem Chefkoch der »Gänsefeder«.)

3. Die Erfindung komplizierter Geschmacksplastiken, deren originelle Harmonie aus Form und Farbe das Auge erfreut und die Phantasie entzündet, noch bevor die Lippen in Versuchung geführt werden.

Beispiel: Die vom futuristischen Maler Fillìa erfundene Fleischplastik, die synthetische Interpretation der italienischen Landschaften, bestehend aus einem großen zylinderförmigen Hackbraten aus Kalbsfleisch, der mit elf verschiedenen gekochten Gemüsearten gefüllt ist. Dieser Zylinder, der senkrecht in der Mitte einer Platte steht, wird von einer dicken Honigschicht gekrönt und ruht auf einem Wurstring, der sich wiederum auf drei goldene Kugeln aus Hühnerfleisch stützt.

Äquator + Nordpol

Beispiel: Die vom futuristischen Maler Enrico Prampolini geschaffene Plastik *Äquator und Nordpol* besteht aus einem äquatorialen Meer aus gelben Eidottern und Austern mit Pfeffer, Salz und Zitrone. In der Mitte ragt ein heller Kegel aus Eischnee auf, der mit Orangenstückchen gespickt ist wie mit saftigen Sonnenabschnitten. Die Kegelspitze wird von schwarzen Trüffelstückchen gestürmt, die in Form von Negerflugzeugen ausgeschnitten sind, die gerade dabei sind, den Zenit zu erobern.

Diese komplizierten Geschmacks-, Farb-, Duft- und Berührungsplastiken werden vollkommene simultane Mahlzeiten bilden.

4. Die Abschaffung von Messer und Gabel für die komplexen Plastiken, damit es zum Genuss durch Berührung kommen kann.

5. Der gezielte Einsatz von Düften, die den Wunsch stimulieren sollen, von den Speisen zu kosten. Jeder Speise soll ein Duft vorausgehen, der sodann mittels Ventilatoren wieder von der Tafel fortgeweht werden wird.

6. Die Untermalung durch Musik, die sich auf die Pausen zwischen den einzelnen Gängen beschränkt, damit die Empfindlichkeit der Zunge und des Gaumens nicht gestört, der genossene Geschmack nicht ausgelöscht und eine geschmackliche Jungfräulichkeit wiederhergestellt wird.

7. Die Abschaffung des Gesprächs und des Politisierens bei Tisch.

8. Der dosierte Einsatz von Poesie und Musik als überraschende Zutaten, um durch deren sinnliche Intensität den Geschmack einer Speise zu intensivieren.

9. Um die Neugierde, die Überraschung und die Phantasie der Gäste zu steigern, sollen ihren Nüstern und Augen in rascher Folge Speisen dargeboten werden, von denen sie nur einige essen werden, andere nicht.

10. Die Erfindung von simultanen, veränderlichen Happen, die zehn, zwanzig verschiedene geschmackliche Variationen enthalten und innerhalb weniger Augenblicke genossen werden. Diese Happen werden in der futuristischen Küche dieselbe Funktion haben, welche die Bilder in der Literatur haben, nämlich sie ins Grenzenlose zu steigern. Solche Happen werden einen ganzen Lebensabschnitt in sich zusammenfassen können, etwa die Entwicklung einer Liebesleidenschaft oder eine Reise in den fernen Orient.

11. Die Ausstattung der Küche mit wissenschaftlichen Instrumenten. *Ozonisatoren*, die Flüssigkeiten und Speisen den Duft von Ozon verleihen, ultraviolette Lampen (da viele Lebensmittel, wenn sie mit ultraviolettem Licht bestrahlt werden, aktive Eigenschaften annehmen, besser verdaulich werden und etwa bei Kindern der Rachitis vorbeugen etc.), elektrische Gerätschaften, die Säfte und Extrakte isolieren, um ein neues Produkt mit neuen Eigenschaften zu gewinnen, feinste Mühlen, um Mehl, Trockenobst und Gewürze zu pulverisieren, Dampfdruck-Destillierapparate, Überdruckzentrifugen, Dialysatoren. Der Gebrauch dieser Apparate wird streng wissenschaft-

lichen Normen unterliegen, damit beispielsweise der Fehler vermieden wird, Speisen in Dampfdrucktöpfen zu kochen, deren hohe Temperaturen die Zerstörung der aktiven Stoffe (von Vitaminen etc.) bewirkt. Die Chemie wird der Indikator für den Säure- und Alkaligehalt der Saucen sein und also dazu beitragen, eventuelle Fehler zu vermeiden: Mangel an Salz, Überschuss an Essig, Pfeffer, Zucker.

Die Poesie der Technisierungen

1938

Nachdem ich auf die Schnelle Donner und Stürze aufheulender Motoren Batterien von Saugpumpen und motorisierten Pflügen getrunken habe jenseits des Alptraums der trockengelegten Sümpfe von Pontine dieser wunderbaren geometrischen und polychromen von Sonne und leuchtenden Kanälen gesättigten Neugeborenen die den futuristischen Horizont aufspießen erklären Benedetta Brizzi Di Gese Carta Masnata Scrivo Scuro Sibò Trecca in der Turnhalle der C.I.L von Littoria die folgenden Prinzipien

Aufgabe der Poesie und der Künste ist es seit je das Universum zu idealisieren indem man seine Gedanken Formen Farben Töne Geräusche Düfte und Berührungen in Worte fasst sie gestaltet und hörbar werden lässt

Mit dem übernatürlichen Erscheinen der Maschine ist das Universum durch die arithmetische geometrische algebraische Schnelligkeit um eine Arbeit bereichert worden die sich anschickt immer freier und unabhängiger zu werden

Die neue Aufgabe der Poesie und Künste im imperialen faschistischen Italien der Tochter des Blitzkrieges ist es dem effizienten Gleichgewicht zwischen Intuition und kreativem Bemühen sprich in kooperierenden Gruppen die Idealisierung jener einzelnen begrifflichen verwaltungstechnischen manuellen mechanischen Aufgabe voranzutreiben

Unser heutiges Italien zeichnet sich durch einen großen kriegerischen Patriotismus aus der durch große wirtschaftliche Bedrängnis und eine große mechanische chemische organisatorische Technisierung zur Religion des Vaterlandes wird

Die kopflastigen Zwanzigjährigen die traurig sind nicht zu den Wegbereitern der ideologischen gefühlsmäßigen heldenhaften Umgestaltung des Vaterlandes zu gehören ziehen sich mit ihrem stolzen enttäuschten Willen in einen wissenden sektiererischen Pessimismus zurück

Die instinktiven Zwanzigjährigen entladen ihr schönes Fieber der Kreativität in Sport und traditionelle Poesie

Die mächtigen und ausgeglichenen Zwanzigjährigen bekennen sich mit ihrem futuristischen Glauben an das Schöpferreich und mit sicherer verwandelnder und verherrlichender Inspiration zur mechanischen chemischen Technisierung

Ohne die rhetorische Überlagerung der Verwörtlichungen und der Plastiken und Musiken und ohne die nunmehr vergammelte Symbolik des Pfluges des Adlers der Sichel des Ambosses des Hammers die von Saatflugzeugen Elektrizitätswerken hydraulischen Schmiedhämmern Motorpflügen überholt worden ist wollen wir jede Arbeit in ihren typisch technischen Aspekten und ihrer typischen technischen Produktivität beleuchten um die Schauer der Poesie aus ihnen zu extrapolieren

Einige aus der Gruppe besingen die Chemie und die Industrie (Marinetti im Poem des gewebten Lichts Folgore in Körperliches Gefühl der Materie Notari in Roman der Bilanzen eines Bürgermeisters Buzzi in Volk so musst du singen Farfà in Rohre und erfrischende Zärtlichkeiten Tullio d'Albisola in Wächserne Siebe im Flug) andere besingen Wirtschaft Handel und Landwirtschaft (Azari im Bankangestellten, Marinetti im Poem des Hafens von Rotterdam Marinetti Buzzi Govoni Masnata Scurto in den Poemen Die Geschäfte im Hafen von Genua Scurto im Poem des Reisfeldes Giardina in Als ich Schafhirte war und Buccafusca in Technik einer Seilschaft) wieder andere besingen die Kriegstechnik (Marinetti in dem Luftpoem des Golfes von La Spezia und dem afrikanischen Poem des 28. Oktober, der Maler Pratella im Flieger Dro, der Maler Giuntini in Schlacht von Erde Meer Himmel, der Maler Brizzi in Freude der Maschinengewehre und Stolz der Chemiker) Pino Masnata besingt die Anatomie der Poesie des Operationsbestecks

Es mag an der Unfähigkeit der rückschrittlichen Dichter liegen die versucht haben die Arbeit zu preisen dass diese noch immer als Verbissenheit Mühseligkeit Opfer wahrgenommen wird und sich immer noch über das Abflussrohr des Sonntagsausfluges freut

Es gibt eine Art von romantischer Sonntagspoesie der man eine metallische chemische pflügende buchhalterische juristische Poesie des Alltäglichen entgegenschleudern muss

Man muss sich jedoch ebenso von dem vagen Thema der Arbeit als rein rhetorischer Figur verabschieden und sich der Wirklichkeit der unterschiedlichen Techniken mit ihren dazugehörigen Werkzeugen zuwenden jede von ihnen mit ihren spezifischen Benennungen die es durch ein hohes Einfühlungsvermögen zu verlebendigen gilt um sie auf die unterschiedlichen Lebenswelten jedes arbeitenden Menschen zu übertragen

Zunächst werden die Dichter die jeweiligen Technisierungen enthüllen und verschönern doch schon sehr bald wird die Zeit kommen in der die Mächtigkeit und die Inspirationskraft die allem Technischen innewohnt jeden Arbeiter und seine Werkzeuge befähigen wird sich selbst in Gedichte zu verwandeln

Ein vorhersehbarer Einwand ist dass man die Möglichkeit in Zweifel zieht eine bestimmte Anzahl von vermeintlich prosaischen monotonen grauen Arbeiten ohne jedweden poetischen Gehalt zu adeln

Die Futuristen antworten dass es für die Dichter der Vergangenheit nicht schwierig war aus Ruinen Malariasümpfen der Wüste und der Frau Poesie abzuleiten

Es steht außer Frage dass eine schöne Frau bereits für sich genommen ein interessantes und lebendiges Poem ist doch von diesem ersten Stadium der Bewunderung bis in jene höchsten Höhen in welche die Dichter bisweilen die Frau erheben erstreckt sich ein Potenzial der Übertreibung das die wundersame Macht der Phantasie bezeugt

Was die Wüste betrifft die in Wahrheit für trockene und einförmige Leere steht so ist sie am besten dazu geeignet für jene Dichter zu zeugen die es verstanden haben einen gewissen literarischen Tourismus zu erfinden indem sie ihre öden hoffnungslos melancholischen Formversuche ohne Farben und Vielfalt mit Poesie anreicherten unter den Sternen bestialischer Gestank von Feldlagern und Zelten inmitten von Kamelen Abwesenheit von praktischen Rückzugsorten Gegenwart der Misthaufen Mangel an Wasser Durchfall liegt auf der Lauer Schmerz in den Gelenken Langeweile der Unterhaltungen in denen sich die beständige Wiederholung der immergleichen Sinneseindrücke widerspiegelt

Eine solch unglückliche Wahrnehmung scheint uns bis zur Zeit Vittorio Venetos* hinnehmbar im Reich jedoch ist sie nunmehr absurd

Werfen wir in der jüngst von Corrodo Convoni herausgegebenen Anthologie »Perlen italienischer Poesie« einen Blick auf die Inspirationsquellen der gesamten italienischen Dichtung so stellen wir fest, dass 80 % von platonischer gewollt unglücklicher und verzweifelter Liebe handeln 10 % von Agonie, Schwindsucht Ruinen und Sümpfen und 10 % von militärischem Heldentum das von inkompetenten Stubenhockern besungen wird

Es gibt kaum Gedichte die von der konkreten Freude erfüllter Liebe handeln vom Kriegsgeschehen und von der persönlich verfeinerten Arbeit

Um eine erfolgreiche Poesie der Technisierungen zu erreichen muss diese neben dem Lob jeder einzelnen

Arbeit über die folgenden Qualitäten verfügen: 1. antinostalgischer Optimismus 2. antirhetorische Einfachheit 3. Originalität 4. Vielfalt 5. Intensität 6. Dynamik 7. Synthese 8. Taktilismus 9. typischer Geruchssinn 10. typische Geräusche

* Die Schlacht von Vittorio Veneto wurde vom 24. Oktober 1918 bis zum 3. bzw. 4. November 1918 in Nordostitalien ausgetragen. Sie führte zum Waffenstillstand von Villa Giusti bei Padua und zur Niederlage Österreich-Ungarns im Krieg gegen Italien.

Viertelstunde Poesie der X Mas*

1944

Auf die Lastwagen ihr Luftpoeten und nichts wie weg endlich haben wir nichts mehr zu verlieren nach all dem gellenden Pfeifen der Räder Schwalben Kritikaster Destillierkolben windiger Pessimisten

Motorschaden anhalten unter Italienern doch ihr Zwanzigjährigen seid die schon berühmten Verweigerer des Wehrdienstes am Ideal und ich möchte euch sagen dass man häufig dazu neigte euch dadurch die Absolution zu erteilen dass man die niederdrückende Pedanterie gestempelten Papiers geltend machte Bürokratie Verbote Zensur Formalismen Feigheit und die quälende Rückwärtsgewandtheit mit der man den berstenden Rhythmus eurer mitten auf dem Schlachtfeld quellenden Freiwilligkeit versumpfen ließ

Ich rufe euch nicht zu auf Wiedersehen im Paradies denn dort oben würdet ihr der unendlich reinen Liebe Gottes gehorchen müssen während ihr in diesem Augenblick verrückt danach seid eine Armee vernünftiger Überlegungen zu kommandieren und deshalb immer weiter ihr Lastwagen

Stadtplaner Werkstätten Banken und geeggte Felder geht zur Schule bei diesen feierlichen Professoren der Soziologie Ameisen Termiten Bienen Bieber

Ich habe euch nichts beizubringen Welt wie ich bin von jeder Alltäglichkeit und Fanal einer Luftpoesie außerhalb von Zeit Raum

In der Feigheit des Schirokko schnüren die Friedhöfe der großen Italiener ihre bäuerlichen Mauern auf und sprühen jähzornige Funken knattern ungeduldig von Pulverfässern gewiss werden sie explodieren sie explodieren bekrallte Tote und deshalb immer weiter ihr Lastwagen

Ihr Bremser gemessenen Schrittes ihr trotzigen Leichenbitter bei der Anstrengung Frühlinge zu begraben Enthusiasten der Herrlichkeit sagt mir ob ihr zufrieden damit seid das zerbrechliche zarte Italien auf den tiefsten Grund eures ideologischen Misthaufens gestoßen zu haben das verwundete Italien das niemals stirbt

Immer weiter ihr Lastwagen höchste Konzentration wickle deinen kühnen zerfetzten Körper wieder auf den der die grausame Geschwindigkeit vor der Zeit in den Himmel verstoßen will

Lass einen Friedhof großer Italiener in die Luft fliegen und rufe Schluss jetzt Schluss ihr italienischen Steuermänner ihr braucht Sprengstoff den schenken wir euch den schenken wir euch wir wir bester Sprengstoff aus dem Knochenmark des Skeletts

Sei es wie es sei das Wort Knochen vereinige sich mit dem Wort ach könnte doch und gemeinsam mögen sie der Zukunft die Nüstern blähen die aus dem leicht blonden Heu eines Primaten aufsteigt

Wir haben es fast geschafft und kehren als annähernde Heilige auf die Erde zurück

Die anstößige Seligkeit zorniger Hügel feuern

An gespannten Seilen welche die Kugeln klimpern bebt die wollüstige vorderste Front und sie ist eine donnernde Kathedrale die sich zusammenkauert um Jesus mit dem Knallen zerfetzter Leiber um Gnade zu bitten

Die in die Knie gezwungenen Maschinengewehre mit den von Gebeten zitternden Gewehrläufen werden wir sein und sind wir

Endlose Küsse für die genieteten Waffen aus tausend tausend tausend Herzen alle durchbrochen von der Heftigkeit ewigen Vergessens

* Bei der Titel gebenden »X^a Flottiglia MAS« handelt es sich um eine Kampfeinheit des italienischen Heeres, die aus dem Zusammenschluss verschiedener Bataillone hervorging. Die Einheit wurde nach der Befreiung des italienischen Südens durch die Alliierten und nach der Gründung der sogenannten faschistischen «Italienischen Sozialrepublik« als Eliteeinheit für besondere Aufgaben aufgebaut und bestand von 1943 bis 1945.

Übersetzernotiz

Die Welt braucht Verrückte! …
Auf, wir wollen sie befreien!
Filippo Tommaso Marinetti:
Tod dem Mondschein

Zwischen Marinettis berühmtem *Manifest des Futurismus*, das am 20. Februar 1909 im Pariser *Figaro* erschien und allgemein als Initialzündung der europäischen Avantgarden gilt, und seinem letzten, das er kurz vor seinem Tod im Winter 1944 im norditalienischen Bellagio diktierte, liegen genau 35 Jahre.

Eine Zeitspanne fataler politischer Entwicklungen, innerhalb derer sich parallel der Zerfall des Futurismus und der Untergang des italienischen Faschismus vollzieht. In den sechzehn von Marinetti ohne die Unterstützung seiner Mitstreiter verfassten Manifesten, die hier zum ersten Mal chronologisch in einer deutschsprachigen Ausgabe versammelt sind, wird die zunehmende Durchdringung von Kunst(theorie) und Politik deutlich, wie sie aus der historischen Distanz zu Tage tritt: Der Futurismus, der mit unbändiger Kraft und Rücksichtslosigkeit angetreten war, um jahrhundertealte Traditionen hinwegzufegen und Gesellschaft und Kultur von Grund auf zu erneuern, verkommt, indem er sich dem herrschenden Regime andient und von diesem dafür quasi zur Staatskunst erhoben wird, innerhalb weniger Jahre zur Bedeutungslosigkeit.

Seine Begrifflichkeiten werden von Manifest zu Manifest schwammiger, seine weitgehend erfolglosen literarischen Hervorbringungen sinken bereits zu Lebzeiten ihres Verfassers in den Orkus der Beliebigkeit hinab. Nur allzu rasch erweist sich, dass Marinettis Theorie der aus allen ihren grammatischen Bindungen *befreiten Wörter* in der literarischen Praxis kein gangbarer Weg sein würde.

Sein letztes Manifest, eine Lobeshymne auf die Eliteeinheit der faschistischen Italienischen Sozialrepublik, die »X`Mas«, spricht in diesem Zusammenhang Bände: sowohl formal als auch inhaltlich gleicht sein Gestammel den Delirien eines Betrunkenen. Das Desaster verblendeter Politik, ein Realitätsverlust hohen Grades sowie die Unfähigkeit zu kritischer Selbstreflexion spiegeln sich in der zerfaserten Diktion dieses kurzen Textes, der einen langen Schatten auf die Geschichte der futuristischen Bewegung wirft.

Aufgabe des Übersetzer ist es, dieser negativen Entwicklungsgeschichte bis in seine sprachliche Feinstruktur hinein nachzuspüren, denn gerade die brutale, ja oft menschenverachtende Sprache und die damit einhergehende Verwässerung der Terminologie, lässt die Ursachen des Scheiterns deutlich zu

Tage treten: Im Grunde hat der Futurismus seine Funktion als Stichwortgeber seiner Epoche bereits mit dem ersten Manifest erfüllt. Der Aufruf zur Befreiung der *Wörter* (in all ihrer chaotischen Fülle!) und nicht der *Worte*, wie bisherige Übersetzungen die originalsprachlichen *parole* wiedergegeben haben, bleibt kulturgeschichtlich betrachtet sein wesentliches Verdienst.

Das unwürdige Ende des Futurismus, wie es sich in Marinettis späten Schriften widerspiegelt, darf also keineswegs vergessen machen, dass die Wucht des ungebremsten Narzissmus, mit der er sich als junger Mensch auf die Welt-Bühne schleuderte, eine Energie freisetzte, welche die künstlerischen Bewegungen seiner Zeit nachhaltig beeinflusste.

Mit diesem nicht aufzulösenden Widerspruch muss man leben, wenn man zu einer realistischen Einschätzung des Futurismus, zumal seines Begründers, gelangen will.

Anhand der vorliegenden Ausgabe seiner Manifeste, die bislang im deutschsprachigen Raum nur verstreut und an zum Teil entlegenen Orten zugänglich waren, ist es möglich, eine Reihe kritischer Fragen zu formulieren, die nicht nur den Futurismus, sondern die Bedeutung der europäischen Avantgarden des frühen 20. Jahrhunderts im Allgemeinen betreffen.

Im Rahmen dieser Übersetzernotiz will ich mich darauf beschränken, einige Schlüsselbegriffe und Denkfiguren Marinettis im Kontext ihrer Übersetzung zu erörtern. Dabei soll deutlich werden, in welch engem Zusammenhang die Problematik seines Denkens in den jeweiligen Prozess der Wortfindung verwoben ist.

Von Anfang an lässt Marinetti keinen Zweifel an der Marschrichtung der futuristischen Bewegung aufkommen: Das Alte muss mit Stumpf und Stiel ausgerottet werden, um dem Neuen Raum zu verschaffen. Symbole der Modernität, das sind für Marinetti, der im ägyptischen Alexandria geboren und aufgewachsen ist, die Errungenschaften des zu seiner Zeit galoppierenden technischen Fortschritts: Autos, Eisenbahnen, Flugzeuge und Telegrafenverbindungen. Diese *Dinge*, ihre mechanische Perfektion und ihr reibungsloses Funktionieren, werden von ihm mit absoluter Bedeutung aufgeladen: Zu der von ihm hellsichtig antizipierten Welt des *beschleunigten Menschen* gibt es keine Alternative, und so fallen all jene Zeitgenossen, die seinen Enthusiasmus nicht teilen, kurzerhand unter das Verdikt der *passatisti*, sprich des Rückschrittlichen oder Reaktionären – einer Lebenshaltung, die Marinetti zutiefst verachtet und der er jede Daseinsberechtigung abspricht.

Auf das – nicht zuletzt aufgrund seines prominenten Publikationsortes – vielbeachtete Gründungsmanifest des Futurismus folgte nur zwei Monate später die Schrift *Tod dem Mondschein*, in der Marinetti die Zukunftsvision der neuen Bewegung noch einmal radikalisiert. In einem surreal anmutenden *plot* fabuliert er den Auszug seiner Gesinnungsgenossen aus den Tiefen der Vergangenheit in eine gloriose Zukunft herbei.

In herrischem Tonfall und mittels kriegerischer Bilder und Metaphern beschreibt er, wie auf einer imaginären Reise eine universale Zerstörungsmaschinerie in Kraft gesetzt wird, die sich aus heutiger Sicht wie die Antizipation der nationalsozialistischen und faschistischen Eroberungszüge des Zweiten Weltkriegs liest: *Das Blut, merkt euch das, hat nur Wert und Glanz, wenn es mit Eisen und Feuer aus dem Gefängnis der Arterien befreit wird. Doch zuvor muss die große Kaserne gereinigt werden, in der ihr Insekten kriecht!…Das wird nicht lange brauchen In der Zwischenzeit könnt ihr Wanzen heute Abend noch einmal auf euer dreckiges altes Lager zurück, auf dem wir nicht mehr schlafen wollen!*

Der Futurismus wird hier als unbändige Ur-Kraft heraufbeschworen, welche die *Hygiene der Welt* ohne Rücksicht auf Verluste vorantreibt. Zügellose Gewalt wird nicht nur von der Sache her verherrlicht, sondern bestimmt auch die Wortwahl und den Sprachduktus. Ein vielfach gebrochener, abgehackter, bewusst roher Satzbau sowie ein Vokabular, das nicht müde wird, die Vernichtung alles Andersartigen und aller Andersdenkenden zu propagieren, zielen – gleich einem körperlichen Übergriff – auf die geistige Überrumpelung und gezielte Einschüchterung des Lesers. Eindeutig weist dieses Manifest über sich selbst als literarischer Text hinaus in die Wirklichkeit, wo sich, gemäß der Logik des Verfassers, seine zerstörerisch-erneuernde Kraft erst vollends entfalten soll. Dass sein furioser Gestus sowohl auf inhaltlicher als auch auf sprachlicher Ebene von allerlei neo-romantischen Reminiszenzen durchzogen ist, steht auf einem anderen Blatt und ist einmal mehr als Indiz für die nicht aufzulösende Widersprüchlichkeit im Werk Marinettis zu werten, dessen geistiger Bezugsrahmen nämlich genau jener klassische Bildungskanon ist, den er – gleich einer übermächtigen Vaterfigur – vernichten muss, um sich endgültig von ihm zu befreien.

Dieser Komplexität der Prämissen muss der Übersetzer versuchen gerecht zu werden, indem er es sich versagt, das sprachlich disparate Original zu glätten und womöglich auf eine einheitliche Stilebene zu eichen. All denjenigen Lesern, die des Italienischen nicht mächtig sind, sei versichert: Auch im Original sind diese Manifeste – wie könnte es anders sein? – keine erbauliche Lektüre. Marinetti wollte die *schöne Sprache* und mit ihr das übermächtige kulturelle Erbe Italiens zerstören. Er wollte aufrütteln und provozieren, und dabei war ihm jedes Mittel recht.

So wurden die berühmt-berüchtigten futuristischen Abendveranstaltungen, die er und seine Kollegen mit Vorliebe in spießigen, norditalienischen Kleinstädten inszenierten, gemeinhin erst dann als gelungen betrachtet, wenn sie am Ende in ein veritables Handgemenge mit dementsprechendem Polizeiaufgebot mündeten.

Mit ihren spektakulären Auftritten führten die Futuristen die Gepflogenheiten bürgerlicher Kulturveranstaltungen bewusst ad absurdum; das Risiko der Lächerlichkeit nahmen sie dabei gerne in Kauf. Ihnen ging es allein um die maximale öffentliche Wirkung, die sie durch geschickte Selbstvermarktung erzielen konnten.

In all ihrer Fragwürdigkeit ist die Rhetorik der Übertreibung *die* zentrale Kategorie der futuristischen Ästhetik. Die Verherrlichung des technischen Fortschritts und des Krieges spielen dabei eine zentrale Rolle. Radikale gesellschaftliche Erneuerung ist für Marinetti nur durch das gewaltsame Aufbrechen der verkrusteten Strukturen seines rückständigen Heimatlandes denkbar. Was die Provokationen der Futuristen in ihrer politischen Wirkung allerdings grundsätzlich von anderen europäischen Avantgardebewegungen unterscheidet, ist ihr Schulterschluss mit dem italienischen Faschismus.

Als Mussolini sich im Jahre 1922 quasi über Nacht an die Macht putschte, standen Marinetti und seine Mitstreiter bereit, um die faschistische Ideologie kulturell zu untermauern, indem sie ihre vermeintliche Modernität geschickt ins Visier rückten. Im Gegensatz zu den Nationalsozialisten, die bekanntlich jede Form von moderner Kunst, Literatur, Musik und Architektur erbittert bekämpften, hofierten die Faschisten die Futuristen und instrumentalisierten deren ästhetische Theorie zum Zwecke der eigenen Identitätsfindung, was besonders deutlich auf dem Gebiet der Architektur zum Ausdruck kommt. Anders als in Deutschland machte das faschistische Italien die funktionale Bauweise der Moderne zu ihrem Aushängeschild.

Einig sowohl in der Verachtung alles Rückständigen als auch in der Zielvorstellung eines starken Staates, begaben sich die Faschisten mit Unterstützung der Futuristen, deren Kunst sie im Gegenzug förderten, an den Umbau Italiens zu einer Diktatur, die sich zwar modern gab, in Wahrheit jedoch ebenso wie das nationalsozialistische Deutschland für ein totalitäres System steht, das seine Feinde im Inneren systematisch ausschaltete und durch Eroberungskriege seine territoriale Vorherrschaft im gesamten Mittelmeerraum auszubauen trachtet. Diese Politik wurde von Marinetti aktiv unterstützt, was so weit ging, dass er – trotz fortgeschrittenen Alters – sowohl am Abessinienkrieg als auch am Russlandfeldzug in der Rolle des Kriegsfreiwilligen teilnahm.

Die *sensibilità futurista*, ein Standardausdruck Marinettis, den ich eingedenk der grundsätzlich positiven Konnotation des Wortes *Sensibilität* im Deutschen mit *futuristische Wahrnehmung* wiedergebe, hat über die naive Verherrlichung des Geschwindigkeitsrausches hinaus eine klar militärische Dimension: Die eigenen Ziele werden grundsätzlich mit Gewalt durchgesetzt, wobei diese keineswegs nur billigend in Kauf genommen, sondern ausdrücklich befürwortet wird. Das Ziel der konsequenten Ausmerzung all dessen, was das alte, langsame, verschlafene Italien ausmachte, ist das Herzstück des futuristischen Mythos einer seelenlosen Moderne. Diesem Ideal entspringt Marinettis Sprache, deren Vokabular – zumal nach den Erfahrungen des Zweiten Weltkriegs und der Shoah – für den heutigen Leser grundsätzlich inakzeptabel ist.

Menschen als *Wanzen* zu bezeichnen, lässt den Leser nicht nur unwillkürlich an das tragische Schicksal Gregor Samsas denken, sondern gemahnt auch an eines der wohl entsetzlichsten Komposita der deutschen (Sprach)geschichte, den *Untermenschen*.

Marinetti bleibt bis an sein Lebensende überzeugter Faschist. Revolution bedeutet für ihn keine Bewegung von unten, sondern eine von oben angeordnete Total-Anweisung zur kollektiven Lebensführung im Sinne eines diktatorialen Politikverständnisses.

Die tragik-komische Dimension seiner persönlichen Gesellschaftsutopie kommt besonders treffend in einem der letzten Texte der vorliegenden Sammlung zum Ausdruck, dem *Manifest der futuristischen Küche* aus dem Jahre 1931. Marinetti zieht hier gegen die angeblich falsche und ungesunde Ernährung des italienischen Volkes zu Felde, das in Begriff ist, aufgrund unmäßigen *pasta-asciutta*-Genusses, zunehmend zu verweichlichen.

Scherz, Satire, Ironie oder *tiefere Bedeutung?* möchte man hier mit den Worten von Christian Dietrich Grabbe fragen; zu einer schlüssigen Antwort wird man allerdings kaum gelangen. Der größenwahnsinnige Weltverbesserer Marinetti ist schließlich in der Küche gelandet, wo er in gewohnt doktrinärem Tonfall lauthals seine letzte Provokation lanciert: Die Italiener sollen ihrer geliebten *pasta asciutta* entsagen!

An diesem Punkt bricht die kurze Tradition der futuristischen Manifeste ab.

Was folgt, sind zwei verworrene, im Grunde kaum noch zu übersetzende Manifeste (1938 und 1944), die alte Glaubensinhalte nunmehr gebetsmühlenhaft variieren.

Am 2. Dezember 1944 stirbt Marinetti achtundsechzigjährig in einem Hotel in Bellagio am Comer See. Mussolini höchstpersönlich richtet ihm auf dem Mailänder Zentralfriedhof ein Staatsbegräbnis aus. Wenige Monate später bricht die Italienische Sozialrepublik, die sich nach der Spaltung Italiens im September 1943 konstituiert hatte, zusammen. Am 28. April 1945 wird Mussolini auf der Flucht von Partisanen erschossen, am Tage darauf erfolgt die offizielle Kapitulation.

Die Parallelität des Zusammenbruchs von Faschismus und Futurismus entfaltet unter historischer Perspektive betrachtet eine durchaus fatale Zwangsläufigkeit. Wer über den Futurismus sprechen will, so das Fazit meiner Übersetzungsarbeit, der kann vom Faschismus nicht schweigen. Durch ihren grundsätzlich totalitären Charakter, der den Sprachduktus zugleich konditioniert *und* von diesem konditioniert wird, sind beide dergestalt aufeinander bezogen, dass man sie eigentlich nur dann adäquat erfassen kann, wenn man ihren gemeinsamen Grundkonsens, den Chauvinismus, die systematische Ausgrenzung und Verfolgung Andersdenkender und die Legitimation von Gewalt zur Durchsetzung politischer Interessen, zum Ausgangspunkt aller weiteren Überlegungen macht.

Quellen

Alle Manifeste Marinettis im italienischen Original: www.futurismus.altervista.org

Deutsche Übersetzungen:

Vorrede und Manifest des Futurismus, 20. Februar 1909
in: Hansgeorg Schmidt-Bergmann: Futurismus Geschichte Ästhetik Dokumente, Hamburg, 1993. S. 75–80. Übersetzt von Christa Baumgarth.

Tod dem Mondenschein!, April 1909
In: ebda., S. 80–89. Übersetzt von Jean-Jacques.

Technisches Manifest der futuristischen Literatur, 11. Mai 1912
In: ebda., S. 282–288. Übersetzt von Jean-Jacques.

Zerstörung der Syntax. Grenzenlose Vorstellungskraft. Befreite Worte, 11. Mai 1913
In: ebda, S. 210–220. Ohne Angabe des Übersetzers.

Das Varietétheater, 21. November 1913
In: Es gibt keinen Hund: das futuristische Theater; 61 theatralische Synthesen. Aus dem Italienischen übersetzt und herausgegeben von Brigitte Landes, München, 1989. Das Varieté, S. 153–161.

Nieder mit dem Tango Parzival!, 11.1. 1914
Erstübersetzung

Lust, ausgepfiffen zu werden, 1915
Erstübersetzung

Gegen die Liebe und den Parlamentarismus, 1915
Erstübersetzung

Der vervielfachte Mensch und das Reich der Maschinen, 1915
In: Hansgeorg Schmidt-Bergmann, a. a. O., S. 107–110. Übersetzt von Heinz-Georg Ortmann.

Die neue Religion-Moral der Geschwindigkeit, 11. Mai 1916
Erstübersetzung

Das futuristische Kino, 11. September 1916
Erstübersetzung

Manifest des futuristischen Tanzes, 8. Juli 1917
Erstübersetzung

Der Taktilismus, Januar 1921
Erstübersetzung

Manifest der futuristischen Küche, 28. Dezember 1930
In: Filippo Tommaso Marinetti und Fillia: Die futuristische Küche. Aus dem Italienischen von Klaus M. Rarisch, Stuttgart, 1983, S. 23–31. Übersetzt von Klaus M. Rarisch.

Die Poesie der Technizismen, 1938
Erstübersetzung

Eine Viertelstunde Poesie der X Mas, 1944
Erstübersetzung

Anmerkung des Übersetzers: Bei jenen Manifesten, von denen bereits Übersetzungen vorlagen, wurden diese grundlegend überarbeitet, wo es zweckmäßig erschien. In einigen Fällen habe ich mich zur Neuübersetzung entschieden.

Was Eigenwilligkeiten von Orthografie und Interpunktion betrifft, so ist festzuhalten, dass Marinetti seine sprachkritischen Intentionen teilweise in die Tat umsetzt, Abweichungen jedoch nicht immer konsequent handhabt. Zu bedenken ist darüber hinaus, dass die hier vorliegenden Manifeste innerhalb eines Zeitraumes von 35 Jahren entstanden sind und in der

Originalsprache in unterschiedlichen Versionen kursierten und immer noch kursieren. Inkongruenzen sind ein integrativer Bestandteil von Marinettis Werk. Auf eine konsequente Vereinheitlichung der Texte wurde deshalb verzichtet.

Erste Auflage, Berlin 2018

MSB Matthes & Seitz Berlin Verlagsgesellschaft mbH
Göhrener Str. 7 | 10437 Berlin
info@matthes-seitz-berlin.de

Satz: psb, Berlin
Druck und Bindung: Art Druk, Szczecin
Umschlaggestaltung nach einer Idee von Pierre Faucheux
ISBN 978-3-95757-282-0
www.matthes-seitz-berlin.de